国情教育研究书系

田慧生◎主编　曾天山◎副主编

中国民办教育发展报告 *2013*

吴霓 等 著

教育科学出版社

·北 京·

丛书编委会

主　　编：田慧生
副 主 编：曾天山
编委会成员（按姓氏笔画排序）：

为打造具有国家水准、国际视野的教育科研成果，更好地服务于办好人民满意的教育，服务于全面建成小康社会，在中央级公益性科研院所基本科研业务费专项基金的支持下，我院开展了对国内外重大教育理论与现实问题的系统研究，形成了"国情、国视、国菁、国际"四大书系。

"国情"教育研究书系以年度发展报告的形式，全面反映我国各级各类教育的成就、经验和挑战，对全国各省（自治区、直辖市）教育发展和政策进行区域比较，对我国各级各类教育的发展水平进行国际比较，力求对我国教育的规模、结构、质量和效益做出科学判断。

"国视"教育研究书系聚焦社会关注的教育热点难点，着眼于基础性、长远性、前瞻性问题，以了解事实、回应关切、提供政策建议为主要目的，探索教育发展规律。

"国菁"教育调研书系专门研究大中小学生的学习生活状态，涉及学校生活、家庭生活、社会生活、网络生活等，通过调查研究，了解当代学生的思想情感和行为特点，为研究如何促进学生的身心健康发展提供科学依据。

"国际"教育研究书系分为著作和译作两类，主要反映国际教育改革发展动态，回顾国际教育的历史进程，跟踪国际教育的改革动态，把握国际教育的发展趋势。

四大书系既各自独立又相互联系，在保持各书系特点的同时，力求做到：

一、"从事实切入"。"事实"是"事件真实的情形"，是在过去和现在被验证且中立的信息。在科学研究中，事实是指可证明的概念，是研究的起点。客观的事实是逻辑的基础和内容，逻辑是事实的理论再现。从实际对象出发，从实际情况出发，能够提高研究问题的针对性和实效性。

二、"用数据说话"。数据是研究和决策的基础。四大书系力图建立在数据和事实的基础之上，通过对数据的搜集、提炼、整合、分析，发现问题，探索规律。

三、"做比较分析"。没有比较就没有鉴别。四大书系力求通过国别比较、区域比较、类型比较、结构比较，找到差距，发现真知，提供卓见。

四、"搞协同创新"。协同创新是提高创新效率和创新水平的战略要求。四大书系研究调动院内外、系统内外、国内外资源，注重人员交叉、学科交叉、方法交叉，力求有所创新、有所突破。

五、"靠政策影响"。建言献策是智库研究的最终目的。四大书系以教育公共政策为研究对象，以影响政府决策为研究目标，以公共利益为研究导向，以社会责任为研究准则，建可信之言，献可行之策。

四大书系的编辑出版是我院全面提高教育科研水平的一项整体努力，也是建设国家一流教育智库的客观要求。在研究和编写过程中，书系得到了相关机构和同仁，特别是教育部相关司局及有关部委的大力支持，前期成果也受到了广大读者的欢迎，在此一并致谢！我们将以此为起点，不懈努力，加快中国特色新型智库建设，为推动中国教育事业科学发展发挥不可替代的重要作用。

中国教育科学研究院
2014 年 11 月

目 录
CONTENTS

前　言

国家一系列重大教育政策的出台，有力促进了中国民办教育持续健康发展。党的十八届三中全会提出，要发挥市场在资源配置中的决定性作用，这使得民办教育迎来了历史的新机遇。本书以民办教育分类管理改革研究为主题，依据大量公开的统计数据，除对全国及各省各级各类民办教育发展状况进行了描述外，同时还聚焦民办教育分类管理改革，在对影响民办教育分类管理的相关法律法规及政策分析、民办教育分类改革试点案例剖析、借鉴发达国家私立教育分类管理的法律法规及管理实践的基础上，提出了我国民办教育分类管理改革的政策建议。

一、我国民办教育的总体规模继续扩大，国家也在积极调整现有相关政策，出台扶持民办教育的新政策，积极发展民办教育

1. 全国民办教育总规模继续呈扩大发展趋势，各级各类民办教育的规模也逐渐壮大，并向积极健康方向发展

作为我国教育事业发展的重要组成部分和增长点，民办教育发挥着十分重要的作用。2012 年，除民办培训机构、民办中等职业教育的规模有所减少外，全国各级各类民办教育总体规模继续保持增长的趋势，学校数、招生数、在校生数均比 2011 年有所增加。2012 年，各级各类民办学校（教育机构）为 13.99 万所，比上年增加 0.91 万所；招生 1454.03 万人，比上年增加 53.16 万人；在校生 3911.02 万人，比上年增加 197.12万人。

2. 我国民办教育的办学体制与运行机制也在不断改革和创新，相继出台有利于促进和扶持民办教育发展的新政策

2010 年 10 月，国务院办公厅颁发《关于开展国家教育体制改革试点的通知》（国办发〔2010〕48 号），开始将"改善民办教育发展环境，深化办学体制改革"作为十大开展国家教育体制专项改革试点的领域之一，目前民办教育的改革试点均已进入具体实施阶段，为国家层面的改革与探索积累宝贵的经验具有十分重要的借鉴意义。

2012 年 6 月，教育部颁发《关于鼓励和引导民间资金进入教育领域促进民办教育健康发展的实施意见》（教发〔2012〕10 号）（简称"二十二条"）。这一政策的颁布实施为民办教育的发展带来了新的生机和动力，有利于更好地引导民间资金进入、扩大教育供给。

2013 年 9 月 26 日，国务院办公厅出台《关于政府向社会力量购买服务的指导意见》（国办发〔2013〕96 号）。该意见明确提出了政府购买服务的目标任务、具体要求以及基本原则，其中教育作为我国基本公共服务的重要领域之一，也被纳入政府需加大向社会力量购买服务力度的范畴。该政策的出台，加快和推进了这一新型运行机制的发展，为其提供各种保障制度和平台，从而推动我国民办教育发展。

2013 年 11 月 12 日，十八届三中全会通过《中共中央关于全面深化改革若干重大问题的决定》，提出要发挥市场在资源配置中的决定性作用。民办教育领域则要更多地发挥市场对民办教育资源配置的作用，一方面政府要为民间资金兴办教育创造良好条件，充分发挥社会力量办学兴教的积极性；另一方面民办教育也要密切关注市场需要和群众需求，特别是民办高等院校和职业学校，要按照区域产业发展设置和调整专业。

这一系列政策，为民办教育的发展不断创造出利好环境，也营造了我国教育整体协调发展的和谐格局。

二、地方民办教育发展势态良好，办学规模总体稳定，各地积极探索和创新扶持民办教育发展、规范民办教育管理的新举措

1. 各省（直辖市、自治区）办学规模总体稳定发展

多数省份民办学前教育规模继续扩大。2010 年，全国大多数省份民办学前幼儿园数均比上一年呈现不同程度增长，黑龙江、江苏、浙江、福建等地除外。2012 年，除吉林、江苏、浙江、山东、新疆等地民办学前在园幼儿数出现小幅减少外，全国大多数省份民办学前在园幼儿数均呈现不同程度的增长趋势。

多数省份民办义务教育学校数有所减少，但在校生规模稳定增长。2010 年，除河北、安徽、海南、吉林、湖南、甘肃、上海、河南、黑龙江、辽宁、青海等地外，多数省份民办小学的学校数呈不同程度减少。约半数省份民办初中的学校数均有所减少，山东、海南、四川、贵州、广东、上海、河南、江西、安徽、陕西、吉林、湖南、甘肃等地除外。2012 年，除内蒙古、黑龙江、山东、海南、四川、云南、陕西、青海、新疆等地外，多数省份民办小学在校生稳定增长；除天津、黑龙江、上海、江苏、安徽、福建、海南、云南、陕西、青海、新疆等地外，2012 年多数省份民办初中在校生呈不同程度增长。

多数省份民办普通高中学校数有所减少，各省（直辖市、自治区）民办普通高中在校生变化趋势不同。2010 年，天津、辽宁、重庆、甘肃等地民办普通高中学校数与上一年持平，除贵州、安徽、广东、吉林、青海等地所有增长外，多数省份民办普通高中学校数比 2009 年呈不同程度减少。在全国 31 个省份中，2012 年约半数省份（北京、吉林、安徽、江西、山东、河南、湖南、广东、广西、海南、重庆、四川、贵州、青海、新疆等 15 省）民办普通高中在校生规模有所扩大，其余省份规模缩小。

各省（直辖市、自治区）民办中职学校数变化趋势不一致，多数省份

民办中职在校生减少。2010 年，北京、上海、西藏、新疆等地民办中职学校数与上一年持平，重庆、江苏、广西、福建、内蒙古、山东、江西、湖南、陕西、浙江、辽宁、海南等 12 地民办中职学校数有所减少，其余 15 省民办中职学校数呈不同程度增加。2012 年，全国总体民办中职的教育规模呈萎缩趋势。分地区来看，在全国 31 个省份中，除宁夏、青海、云南、安徽、北京、海南等 6 地民办中职在校生规模出现增长外，多数省份均呈不同程度的下降趋势。

多数省份民办高校数保持稳定，招生及在校生规模逐渐扩大。2010 年，除江苏、广西、山东、重庆、云南、广东、吉林、湖南、内蒙古、山西、河南等地民办高校数比上一年呈现不同程度增长外，其他多数省份民办高校数均与上一年持平，其中河南与山西民办高校数增幅较大，分别为 21.70%、20.00%。2012 年，我国多数省份民办本专科招生数比上一年呈不同程度增长，云南、安徽、山东、上海、内蒙古、江苏、福建、湖北、河北等 9 地招生数有所下降。其中，民办本专科招生增长超过 15%的省份有山西、海南、广东、四川、宁夏、重庆等地。

多数省份民办培训机构数减少。2010 年，除天津、辽宁、江苏、重庆、新疆、广东、宁夏、贵州、内蒙古、黑龙江等地民办培训机构数比上一年有所增长外，多数省份均呈不同程度减少。其中，云南、安徽、广西等地减幅较大（均超过 50%）。

2. 地方政府积极探索适合当地实际的相关扶持与管理政策

地方政府鼓励引导民间投资参与教育事业发展。为进一步落实国务院《关于鼓励和引导民间投资健康发展的若干意见》，各省级政府也纷纷出台各地鼓励和引导民间投资发展的实施意见。各地政策都涉及关于鼓励民间资本参与发展教育的内容，同时在税收减免、政府采购、土地支持、资金补助和相关支持政策等方面明确了量化指标或具有可操作性的措施。

地方政府出台促进民办教育发展的专门政策，主要表现在：第一，出台促进民办教育发展的综合政策，如贵州、浙江和广东等省；第二，出台专项资金管理办法，如湖南、云南、内蒙古、河南、浙江等地陆续出台民办教育发展专项资金的管理办法；第三，出台扶持民办高等教育发展的政策，如福建、吉林和湖北等省。

三、实施民办教育分类管理具备法理依据，
又亟须完善现有法律法规

民办教育分类管理，即把现有的民办学校分为营利性与非营利性两类，针对不同类别的民办学校适用不同的管理方法。客观分析民办教育分类管理的制度环境，指出实行民办教育分类管理的必要性，有助于明确民办学校的性质，落实政府资助政策，明晰民办学校的产权并解决民办学校招生、收费、教师待遇等问题，对于进一步探索符合中国国情的民办教育分类管理政策，建立科学的民办教育监督管理机制，具有重要的理论价值和实践意义。如何进一步完善民办教育发展的制度环境，保障各类民办学校的合法权益，严格规范办学行为，大力支持发展非营利性学校，积极引导发展营利性学校，逐步形成完善的非营利性与营利性民办教育分类管理体制，成为民办教育下一个时期的重要任务。据此，《国家中长期教育改革和发展规划纲要（2010—2020 年）》（后文简称《教育规划纲要》）明确提出，"积极探索营利性和非营利性民办学校分类管理"。2010 年 10 月，国务院办公厅印发《关于开展国家教育体制改革的通知》，确定在上海、浙江、广东深圳和吉林华桥外国语学院"探索营利性和非营利性民办学校分类管理办法"，利用试点带动民办教育改革布局的逐次展开。

目前，针对民办教育实施分类管理的大趋势，分析民办教育开展分类管理的现实条件和政策环境，还存在如下制约分类管理的几个重要问题，亟须完善。

1. 民办教育管理存在着管理体制不完善、产权属性不明晰、治理结构不合理等问题

目前民办教育中存在的很多问题都与分类不清有关，需要从制度层面进行有针对性的调整。而现实中，民办教育的现行法律法规和相关配套政策都是基于教育的非营利性进行设计的，由于理论探究和实践摸索不足，

尚未在国家层面建立起对营利性和非营利性民办学校进行分类管理的制度，而且，管理政策方面对于营利性与非营利性不分已经成为制约民办教育发展的瓶颈，民办教育学校长期处于营利性与非营利性、企业与非企业、公益与非公益界限不明的困境，在实践中鼓励和规范民办教育发展的政策彼此间也互相矛盾。因此，解决这些问题的一条重要途径，就是必须为民办学校区分为营利性和非营利性创造宽松的政策环境，进一步完善分类管理的制度环境。

2. 现行法律法规虽然为分类管理提供了法理依据，但彼此间还存在不协调问题

《中华人民共和国宪法》（后文简称《宪法》）、《中华人民共和国民法通则》（后文简称《民法通则》）、《中华人民共和国物权法》（后文简称《物权法》）、《中华人民共和国民办教育促进法释义》（后文简称《民办教育促进法释义》）等法律或释义架构起了我国民办教育的政策法规体系实施分类管理也是这一系列相关法律中关于财产权规定的要求，这在制度上为分类管理提供了法理依据。《中华人民共和国民办教育促进法》（后文简称《民办教育促进法》）、《民办教育促进法实施条例》、《关于鼓励和引导民间资金进入教育领域促进民办教育健康发展的实施意见》等教育法律法规均对民办教育的发展进行了系统的规定，由此看来，对民办教育实施分类管理具备了充足的法理依据与基础。

但是，目前民办教育分类管理的法律法规彼此之间还存在着不协调。现行法规存在着与"营利性和非营利性"的规定不统一、对民办教育主体产权的界定不明晰、对民办教育优惠的规定不配套、对民办教育法人治理结构的设计不完善等问题。例如，《中华人民共和国教育法》、《民办教育促进法》以及国务院颁布的实施条例，都规定了民办学校的"非营利性质"。而与此对应，相关法规对于营利性民办学校并未绝对排斥，《宪法》、《中共中央关于教育体制改革的决定》、《中共中央国务院关于深化教育改革全面推进素质教育的决定》、《教育规划纲要》等均对营利性民办学校的发展表达了支持的态度。又如，现行法规对民办教育主体产权的界定不明晰，《民办教育促进法》对民办学校未明确规定清算后"剩余财产"的归

属，《民间非营利组织会计制度》规定民办学校的办学人不能拥有学校的财产所有权，导致目前社会各界对民办学校财产的所有权很难形成明确的认识，而民办学校非企业法人的定位则加剧了社会各界对财产所有权分配的争论。再如，现行对民办教育优惠政策的规定不配套，优惠主要是营业税的减免，税收优惠相对有限，民办学校的税收优惠并未落到实处，《关于教育税收政策的通知》与《民办教育促进法》第三十八条的规定相抵触，造成民办学校税收工作具体操作层面上的混乱。

3. 民办教育分类管理改革需要科学设计制度保障

在遵循营利性与非营利性学校分类基础上，需要厘清实施分类管理的先决条件，确定营利性和非营利性的分类标准，合理界定非营利性民办学校，在充分试点的基础上逐步推进分类管理。缜密设计推进分类管理的配套制度，通过修改或调整现行有关法律法规，制定两类民办教育机构的顶层制度，取消相关法律法规中关于民办教育不得从事营利性经营活动的内容，明确相关法律法规中两类民办教育机构的收益权和财产权，配套相关法律法规中关于分类管理的优惠政策，完善相关法律法规的法人治理结构，逐步探索建立具有中国特色、符合基本国情的分类管理改革的保障制度。

四、民办教育分类管理改革创新实践

根据《教育规划纲要》的部署，国务院办公厅于 2010 年 10 月 24 日颁布了《关于开展国家教育体制改革试点的通知》，决定在部分地区和学校开展国家教育体制改革试点。在其中的"改善民办教育发展环境，深化办学体制改革"这一专项改革任务中，安排了"探索营利性和非营利性民办学校分类管理办法"的试点任务，并确定由上海市、浙江省、广东省深圳市、吉林华桥外国语学院承担并实施。此外，除了试点地区和学校外，一些民办教育发展较为迅速的地区如陕西等省，也自行开展了民办教育分类管理的一些探索。

（一）上海市民办学校分类管理改革实践：区域带动整体突破

上海市颁布的《上海市中长期教育改革和发展规划纲要（2010—2020年）》中就明确提出了"探索建立营利性和非营利性民办教育机构分类管理制度，制定相应的管理办法及各项政策"，并要求"建立政府、社会和学校各方共同参与的民办教育发展基金，加大对非营利性民办教育机构的奖励资助力度"。

1. 对民办学校实施分类登记管理改革

2010年，上海市率先从浦东新区开始进行试点获得突破。浦东新区教委制定了《浦东新区开办非营利性学校的若干制度》，对营利性和非营利性民办教育机构做了界定，对民办教育分类管理做了制度规范设计。同时，颁布实施的《浦东新区开办非营利性民办学校的若干制度》还规定了非营利性民办学校的法人治理制度、准入制度、保障制度、评估监控制度和退出制度。

2. 设立民办教育专项资金，分类扶持民办教育

2010年，上海市政府出台《民办教育政府专项资金管理办法》，2012年，上海市民办教育专项资金投入达到了7亿元。

3. 拓宽民办教育投资融资渠道，解决民办学校融资难问题

上海市探索成立民办教育发展基金会，同时探索筹建民办教育融资担保公司，解决民办高校落实法人财产权益后学校无法利用学校的资产进行抵押获取建设发展资金问题。

4. 率先保障民办学校与公办学校师生享有同等待遇

上海市教委将民办高校人事管理统一纳入全市高校人事管理范畴，民办高校教师在职称评定、奖励表彰、科研项目申报、教师培训等方面已完全享有与公办高校教师同等待遇。

5. 建章立制依法加强民办学校财产管理

上海市在全国率先探索制定了《上海市民办高等学校财务管理办法（试行）》、《上海市民办高等学校会计核算办法（试行）》、《上海市民办中小学校财务管理办法》、《上海市民办中小学校会计核算办法》，并在民

办高校、中小学、幼儿园实施，以规范本地区民办学校会计核算行为，促使各校按统一标准编制和提供财务会计信息。

（二）陕西省民办学校分类管理改革实践：聚焦民办高校分类管理促进人才培养

陕西省并不是国家民办教育分类管理改革的试点地区，但作为高等教育资源大省，陕西在 2011 年底就颁布了《关于进一步支持和规范民办高等教育发展的意见》（后文简称《陕西意见》），就建立和完善陕西的民办高等教育分类管理体制做出了规定。

1. 更细致的法人属性划分

陕西省将民办高校分为非营利性和营利性两类。非营利性民办高校分为三种，即捐资举办、出资不求合理回报、出资要求合理回报。"其中捐资举办、出资举办不求合理回报的学校登记为民办自收自支事业单位法人；出资举办要求合理回报的学校登记为民办非企业法人。"营利性学校登记注册为企业法人。陕西这一分类法为民办高校提供了多种发展模式，有利于投资者进入民办教育时根据自己的定位和实际情况做出选择。

2. 更高的合理回报比例

《陕西意见》中明确指出：非营利性学校出资人要求取得合理回报的，合理回报额可占到办学结余的 40%。取得的合理回报继续用于学校发展的，计入新增出资额，并按有关规定享受税收优惠政策。营利性学校按企业机制获取回报。

3. 对不同类型的民办学校的终止，界定了具体的退出机制

由于陕西对民办高校的法人属性有更细致的划分，所以不同性质的学校退出机制也更具体。

4. 基于民办高校产权明晰的政府支持力度不断加大

陕西把分类管理作为规范管理和财政支持的依据，在财政拨款和政府补助、税收设计和审计办法上给予不同政策。

（三）深圳市民办学校分类管理改革实践与探索：以义务教育段为主阵地伴随改革开放不断深化

"民办教育分类管理探索"作为深圳市承担的"改善民办教育发展环境"改革试点的重要工作之一，纳入了 2011 年市政府重点工作和市教育局白皮书中；同时，也作为重要规划写入《深圳市教育发展"十二五"规划》和《深圳市中长期教育改革和发展规划纲要（2010—2020 年）》。

1. 颁布对民办学校进行分类登记管理的政策并实施分类管理

深圳市民办中小学分为非营利性和营利性两类，非营利性又根据其公益程度分为捐资办学、出资办学但不要求合理回报、出资办学但要求合理回报三种类型。深圳市政府按照民办学校的公益程度，制定了分类的支持政策。同时还考虑建立激励机制，引导现有民办中小学合理分流，鼓励转为非营利性学校。

2. 突破体制障碍，建立公共财政对民办教育的投入机制

2011 年设立深圳市民办教育发展专项资金并纳入市财政年度教育经费预算。2012 年，制定《深圳市民办教育发展专项资金管理办法》以及《深圳市民办学校义务教育阶段学位补贴试行办法》、《深圳市民办教育发展专项资金奖励和资助项目实施细则》和《深圳市民办中小学教师长期从教津贴实施办法（试行）》三项新举措，作为深圳市民办教育发展专项资金使用项目的具体配套政策，大力扶持民办教育发展。

（四）温州民办教育分类管理改革："1+14 政策"破解发展难题

温州市于 2011 年 11 月形成了市委市政府《关于实施国家民办教育综合改革试点加快教育改革与发展的若干意见》的"1+9 政策"，在此基础上，2013 年，又进一步补充完善为"1+14 政策"（即 1 个主文件，14 个政策性配套文件）政策体系。

1. 对民办学校进行分类登记管理

温州市委市政府出台了《关于民办学校分类登记管理的实施办法》、《关于民办非企业法人学校改制为企业法人学校的办法》对民办学校实行

分类管理。

2. 规范出资者产权及两类民办学校取得合理回报的办法

温州市制定了《关于明确非营利性民办学校法人财产权的实施办法（试行）》和《关于非营利性民办学校财务管理的实施办法（试行）》，规定登记为民办事业单位法人的民办学校可从办学结余中提取一定比例的经费，用于奖励出资人，年奖励金额最高可以达到出资人累积出资额为基数的银行一年期贷款基准利率的 2 倍，等等。

3. 疏通民办教育投融资体制，积极促进两类民办学校发展

建立温州教育发展投资集团有限公司（注册资金达 30 亿元），使之与温州市区域内的商业银行、农村合作银行（信用社）、村镇银行、小额贷款公司等一并成为温州民办学校政策性金融服务的支持机构。允许将学校非教学设施作抵押，或将学校学费收费权和知识产权作质押向银行申请贷款。成立全市民办教育公益基金会，为非营利性民办学校提供资金资助。

4. 依法加强两类民办学校财产管理

温州市出台政策，规定按民办学校法人属性不同执行相应的会计制度：登记为民办事业单位法人的民办学校，执行民办事业单位相应的会计制度；登记为企业法人的民办学校，执行《企业单位会计制度》。

5. 根据学校性质落实政府扶持资助政策

温州市出台《关于公共财政补助民办教育的实施办法（试行）》，实施民办教育专项奖补和政府购买教育服务两个方面的公共财政补助民办教育政策。

6. 大力解决民办学校教师社会保障问题

温州市专门制定了《关于完善民办教育社会保险制度的实施办法（试行）》，针对民办学校教师社会保障问题进行有效破解，同时出台了《关于公共财政补助民办教育的实施办法（试行）》等政策，加大对民办学校财政扶持的力度，以保证民办学校在扩大支出、提高教师社保水平的同时获得充裕的资金支持。

（五）吉林华桥外国语学院分类管理改革实践与探索：一所民办高校的非营利性运营探索

吉林华桥外国语学院是全国唯一承担教育部民办教育分类管理改革试点任务的民办高校。中共吉林省委、吉林省政府在 2013 年 7 月 1 日颁发的《关于建设高等教育强省的意见》中明确提出，支持"吉林华桥外国语学院建成国内领先的民办大学"，并从相关政策、公共财政投入等方面给予强有力的支持。

1. 转变观念，形成了五点共识

经过改革试点，吉林华桥外国语学院对如何办好非营利性民办高校形成了五点基本共识：（1）明确营利性与非营利性民办高校的认定标准，是办好非营利性民办大学的前提。（2）完善学校内部治理结构，是办好非营利性民办大学的关键。（3）提高人才培养质量和办学水平，是办好非营利性民办大学的根本目的。（4）各级政府和社会各界的支持，是办好非营利性民办大学的保障。（5）民办高校分类管理势在必行。

2. 通过改革试点，在政策上获得突破，促进了学校的发展

（1）学校建设获得了政府公共财政支持。自 2011 年起，吉林省财政设立省重点高校专项资金（每校每年 500 万元），对吉林华桥外国语学院给予公立省重点高校同样标准的重点扶持。2012 年起，吉林省政府决定，省财政连续三年对该校开展试点工作给予专项支持（按每年 3000 万元，为吉林省公立高校生均拨款的 25%）。（2）在学科建设、职称评审、学生资助及税收减免等方面获得与公办高校的同等待遇。

3. 在办学实践上实现了制度创新，推动了学校管理科学、有序发展

（1）完善了非营利性民办学校内部治理结构。（2）制定了符合民办高校特色的管理制度。（3）创建了学校安全运行的控制和保障制度。（4）通过试点改革，推进了非营利性民办高校法人身份的制度改革。

（六）民办学校分类管理改革实践探索的分析

总体而言，各地的改革试点呈现出一些共性，也存在一些不同的认识

和不同的改革措施。虽然开展民办教育分类管理改革试点已经进行了近三年，但对于什么是分类管理，如何引导合理分流等，在民办教育界仍未达成一致。即使在被定为试点的上海、浙江和深圳等地，因为对分类管理认识的不同，这一管理办法也未能贯彻彻底。当前我国民办教育多为企业或个人投资办学，而属于非营利性质最彻底的捐资办学基础比较薄弱。营利性民办学校就算存在，也是少数。相当多的民办学校即使实质上是按营利性在经营，但在政策的规制和引导下还是要走非营利性的办学道路。然后分类管理后，要求此类学校的举办者将原有投入学校的资产捐赠社会，在国家相关法规还不完善的情况下，这可能会削弱社会对民办学校的投资热情，甚至引发部分举办者退出，从而影响民办教育的发展。同时，简单划分营利性和非营利性也不能满足分类管理的需求。因此，对民办学校实行分类管理改革后，政府相关配套制度的制定和实施就迫在眉睫，各部门之间需要有极大的耐心和毅力开展协调合作，才能保证分类管理实践得以顺利的实现。

五、发达国家私立教育分类管理的法律法规较为完善，为我国开展民办教育分类管理提供了有益的借鉴

（一）将私立学校按照营利性和非营利性两类法人进行登记

很多发达国家都在本国的法律法规中确立了私立教育的合法地位，并且区分营利性和非营利性，对于不同类型的私立教育尤其是非营利性私立教育界定了严格标准，并在针对营利性和非营利性私立学校的注册登记、税收优惠、经费资助以及利润分配等方面均有不同的、严格的法律规定。

与发达国家不同的是，我国民办学校的法人属性不清晰，民办学校属于"民办非企业单位"，这既导致民办学校无法享有与公立学校同等的法律地位，也导致民办学校的捐资和出资者的财产权得不到保障，影响社会资金对民办教育的投入。因此，应在我国当前的政策法规中提出营利性法

人和非营利性法人的法人分类，分别建立与两类法人相关的配套制度。

（二）对非营利性私立教育的资助力度大

发达国家均对私立学校通过不同的方式进行适度的财政资助，但是，政府对私立学校的资助以非营利性私立教育为主，如在澳大利亚和荷兰，基础教育阶段的大部分学生就读非营利性私立学校，来自于政府的经费比例分别达到50%和90%。在经合组织（OECD）其他国家，瑞典、芬兰、斯洛伐克的私立学校同样有90%的经费来自于政府，斯洛文尼亚、德国、比利时、匈牙利、卢森堡以及爱尔兰也有80%—90%的经费来自于政府。在高等教育阶段，随着营利性高等教育的兴起，政府对于营利性高等教育也开始给予资助。

在我国，虽然《民办教育促进法实施条例》做出了相关规定，但是由于政府对于民办教育的公共经费资助有限，民办义务教育学校的经费未能完全保障。我国应当借鉴国际经验，通过采取包括购买服务、税收优惠在内的多种方式，进一步落实政府对非营利性民办学校的财政支持，尤其对于需求迫切、资金困难的非营利性教育事业予以政策扶持和财政投入。

（三）非营利性私立教育内部采取共同治理的模式

从国际案例来看，发达国家在非营利性私立学校的内部治理上采取的是共同治理的模式，重视人员来源的广泛性和代表性，吸收社会贤达和具有教育经验的工作者、教师、学生等相关利益主体以不同的组织形式参与权力分配，在对应的职责权限内具有话语权，这种治理模式有益于削弱私立学校中董事会（理事会）的绝对权力，形成有效的制衡机制。

在我国，由于《民办教育促进法》对于如何组织董事会缺乏细节规定，很多民办学校董事会（理事会）的多数席位都由学校的创办者、出资者或学校领导者及其近亲占有，诸如家长、校友、社区代表等与学校发展密切相关的人，很难在学校的发展中发表自己的意见，这使得举办者掌握了学校的话语权和实际控制权，"家族式"管理普遍存在。应适时修订现有法律法规，在《民办教育促进法》中明确合理的董事会人员数量、人员结构及其职责，从而在非营利性民办学校内建立起规范和完善的内部法人治理结构，实现多方共同治理。

（四）建立了政府购买非营利性教育服务的完善机制

购买非营利性教育服务是很多国家和地区政府的做法，非营利性组织提供的教育服务注重公益性，也具有多样性特征，可以弥补政府教育公共服务单一性的不足。特别是改进落后教育、补充教育供给的不足方面，非营利性部门可以承接政府部门的部分职能。因而政府部门和非营利性组织之间就形成了某种联系，这也就是国外的公私合作伙伴关系模式。政府可以向非营利性部门购买服务，当政府资源不足，或者需要专业服务的时候，就可以用公共财政购买服务的方式从非营利性部门获得，从而提高公共资源的使用效率。

目前，我国迫切需要建立民办义务教育政府购买服务的完善机制与配套办法。政府在履行公共服务职责的过程中，不可能将所有涉及公共服务的领域全部包揽，在部分领域特别是在微观领域、专业领域，迫切需要有一类组织能够承接这部分职能，应当鼓励政府与非营利性民办教育机构的合作，补充我国教育供给的单一和不足。

（五）实行针对两类私立教育的问责机制

在治理过程中对营利性和非营利性私立学校进行区分，有利于规范私立学校的收费行为和办学方向。发达国家政府对于两类私立教育进行严格的监管，一方面对办学资格，包括举办者资格、校舍的安全标准、教师的资格、专业和课程标准、学校章程、收费标准进行监督和评估，另一方面是对学校的教学质量和财务状况进行监管。

目前，我国政府监管的范围较为广泛，规定较为原则，因而政府"越位"、"错位"和"缺位"的情形并不少见。因此，要针对两类民办学校建立不同的外部管理制度。针对非营利性民办学校，一是要将政府资助与加强质量监控相结合，监督受委托的民办学校保质保量提供教育服务，二是要加强财务监督，推行财务公开制度，形成透明、规范、高效的政府资助管理体制。营利性民办学校要受到审批机关和税务部门的管理和监督，但政府应当允许营利性教育机构在依法纳税的前提下，获得营利或取得回报，政府只依法对其办学条件和质量进行监督，对回报率可不做限制。

六、坚持民办教育的公益性和可持续发展有机结合，进一步做好政策支持与监督监管工作

（一）明确民办教育分类管理改革的目标与原则

民办教育分类管理改革要以促进民办教育健康发展为方向，着力解决制约民办教育发展的体制机制等深层次问题。民办教育分类管理改革的目标，要以大力发展民办教育为根本目的，彻底解决制约民办教育发展的法人属性、产权制度、分类标准、合理回报标准等重大问题，进行全面的制度重建与体制机制创新。

开展营利性和非营利性民办学校分类管理，必须坚持以《教育规划纲要》为指导，坚持民办教育分类标准从实际出发，面向未来，做好试点，点面结合，循序渐进推行的原则，实现民办教育的"平稳着陆"。

（二）对我国民办教育分类管理的政策建议

1. 确定民办学校法人属性、产权属性与合理回报标准

确定法人属性。明确规定两类民办教育机构的法人性质，即非营利性民办教育机构法人为民办事业单位法人，营利性民办教育机构为企业法人。

确立清晰的产权制度。根据民办学校办学结余和学校资产剩余的归属对民办教育机构进行分类，举办者具有剩余利润和剩余资产索取权的学校归为营利性民办学校，反之，则归为非营利性民办学校。依据举办者投入资产和办学结余资产的归属，非营利性民办教育机构又可以分为不要求合理回报的和要求合理回报两种。

确立合理回报标准。对于非营利性学校出资人要求取得合理回报的，根据原始出资额、追加投入额、学费收入和办学结余等情况，综合确定合理回报额。营利性学校按企业机制获取回报。

2. 按营利性、非营利性学校实行不同的公共财政资助政策

民办教育分类管理后，要从我国民办教育发展的实际出发，采取有区别的公共财政资助政策。要尽快完善民办教育的公共政策，逐步建立起公共财政资助民办教育的经常机制。尽快出台公共财政补助民办教育发展的标准和意见，尽快设立民办教育政府专项资金并保证其与国家公共财政收入的增长保持同步，建立民办学校评估奖励制度。另外，可根据市场原则建立政府购买教育服务机制，以增强对民办学校教师的培养及各项社会保障措施的落实。与此同时，尝试对民办学校的学生按一定标准进行补助等，切实加大对民办教育的经费支持。

3. 对相关法律进行修订，对营利性和非营利性民办学校进行明确的规定

完善民办教育领域的相关法律法规，需要对《教育法》、《义务教育法》、《职业教育法》、《民办教育促进法》等法律文本进行系统和全面的修订。同时，应通过制定《学校法》、《民间非营利性组织法》等新法，严格规定非营利性学校设立、运行、变更、终止等基本程序以及各项税收和优惠政策。

从长远看，要保证民办学校分类管理得以顺利实施，还需制定《民法典》或修改《民法通则》，把非营利法人与营利法人明确划分出来，以形成在法人制度上就存在分类分别规范的局面。

4. 建立民办教育综合统筹协调机制

各级人民政府应当将民办教育事业纳入国民经济和社会发展规划，建立教育、人力资源与社会保障、财政、民政、税务、工商等各相关部门的统一协调机制。教育行政部门要将民办基础教育纳入到公办基础教育体系中，构建一体化的基础教育体系，实现基础教育的整体规划和管理，推进城乡基础教育的合理布局与均衡发展。相关部门要按各自职责分工，建立促进民办学校健康发展的工作协调机制，积极构建政府依法管理、民办学校依法办学、行业自律和社会监督相结合的民办教育工作格局。

5. 建立健全民办学校法人治理结构与会计准则制度

完善民办学校法人治理结构。完善民办学校法人治理结构是内部管理制度改革的重中之重。民办学校依法设立理事会或董事会，保障校长依法行使职权，逐步推进监事制度。在非营利性民办学校建立监事制度，在营利性民办学校董事会设立独立董事。

分类制定财务制度。营利性民办学校财务管理可参照商业机构等营利性组织财务管理办法制定财会制度。非营利性民办学校的财务管理实行法定代表负责制，可参照非营利性组织的财会制度制定。同时，建立学校资金年度预算和财政性资金年度会计决算报告制度。

6. 发挥市场竞争的重要作用，逐步实现管、办、评分离

民办教育分类管理后，在政府监管、学校自主发展等方面要区别对待，鼓励营利性民办学校引入市场竞争机制，充分发挥市场在资源配置中的决定性作用。

对营利性或非营利性民办学校的监管，要从其公益性出发，依循"管、办、评"分离的原则，扩大民办学校自主权，促进民办学校自主发展。扩大省级政府教育统筹权和学校办学自主权，完善学校内部治理结构。同时，对民办学校的评估应发挥第三方机构和行业协会的作用。

7. 着力从政策层面解决民办学校的公平待遇问题

要逐步健全民办学校教职工多层次的社会保障机制，使民办学校与同级同类公办学校的教职工在医疗、住房、养老等方面保障水平基本相当。在师生权益保障问题上，非营利性民办学校和营利性民办学校都应与公办学校同等对待，需进一步制定一系列保障民办学校师生平等待遇的政策。

完善教师社会保障制度。要逐步完善民办学校教师的社会保险制度，民办学校教师的职称评定、培养培训和考核评价，要与公办学校一起纳入统一规划。政府的学生资助和奖励应平等覆盖所有民办学校学生，保障民办学生权益。

8. 建立良好的民办教育外部治理机制

行政审批程序要规范、制度化。在民办教育分类管理改革试点和研究相关配套制度的过程中，建议政府有关部门严格规范新建民办学校的审批和登记。

政策措施要协调配套。在对民办学校审批、收费、招生宣传、教学质量督导等具体规定和办法上，要充分保证各类各级政策细则文本的一致性。

完善政府对民办学校财务进行监管制度。对民办学校进行定期审核，将民办学校财务状况向社会公开，公开接受政府、社会和学校教职工的监督。

以弹性换取更大的绩效责任。创新政府对民办教育的监管形式，赋予民办学校更大的弹性与更自主的发展空间，采取更加灵活的监管方式促进民办教育的健康发展。

9. 规避民办教育分类管理的风险

由于我国目前大多数民办学校属于投资办学，其资本来自商业性资本，其主要动机是对经济利益的追逐。捐资助学过少，投资办学过多，必然会对教育的公益性造成伤害。因此，分类管理必须要考虑到这一潜在的风险，坚持公益性与合理利益追逐的兼顾，突破民办教育机构必须"非营利性"的硬性规定。另一方面，对合理回报进行规制，缓解分类管理风险。合理回报必须来自于办学结余，而且学校的利益分配必须要统筹考虑办学成本、返还学校所欠债务、提取法定盈余公积金以及公益金、办学风险保证金等。

第一章

中国民办教育的新进展

伴随《教育规划纲要》的颁布，国家对民办教育的发展与改革方向提出了新的要求与战略定位，各级各类民办教育的规模也在迅速发展，办学与管理形式越来越灵活、多样，对我国教育事业的总体发展起到了至关重要的作用。

一、全国民办教育的新进展

2013 年十八届三中全会通过的《中共中央关于全面深化改革若干重大问题的决定》指出，公有制经济和非公有制经济都是社会主义市场经济的重要组成部分，进一步明确了民办教育在我国教育事业中的重要地位。当前，我国民办教育的总体规模继续扩大，国家也在积极调整现有相关政策，出台扶持民办教育发展的新政策，积极发展民办教育。

（一）全国民办教育发展的总体状况及各级各类民办教育发展变化

随着非公有制经济逐渐进入市场，不仅我国的经济社会发展水平不断提高，社会力量充分参与和举办的民办教育在整个国家教育体系中的作用也日益凸显。2012 年，全国民办教育总规模继续呈扩大趋势，各级各类民办教育的发展规模也逐渐壮大，并向积极健康方向发展。

1. 全国民办教育发展概况

（1）民办教育整体规模继续扩大。作为我国教育事业发展的重要组成部分和增长点，民办教育发挥着十分重要的作用。2012年，除民办培训机构、民办中等职业教育的规模有所减少，全国各级各类民办教育总体规模继续保持总体增长的趋势，学校数、招生数、在校生数均比2011年有所增加。2012年各级各类民办学校（教育机构）为13.99万所，比上年增加0.91万所；招生1454.03万人，比上年增加53.16万人；在校生3911.02万人，比上年增加197.12万人（见图1-1和图1-2）。

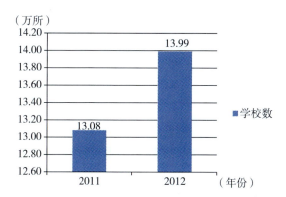

图1-1　2011—2012年各级民办学校总数变化

注：以上数据包含民办幼儿园、中小学、中等职业学校、高等教育，不含民办培训机构。

【数据来源】教育部．2011-2012年全国教育事业发展统计公报［EB/OL］．（2012-08-30）［2013-12-03］．http：//www.moe.gov.cn/publicfiles/business/htmlfiles/moe/moe_335/index.html.

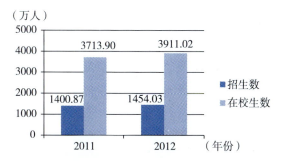

图1-2　2011—2012年各级民办学校招生数和在校生数变化

注：以上数据包含民办幼儿园、中小学、中等职业学校、高等教育，不含民办培训机构。

【数据来源】教育部．2011-2012年全国教育事业发展统计公报［EB/OL］．（2012-08-30）［2013-12-03］．http：//www.moe.gov.cn/publicfiles/business/htmlfiles/moe/moe_335/index.html.

（2）民办培训机构、中职教育规模缩小，其他各级教育均未减少。在各级各类民办教育中，2012 年，民办幼儿园、普通小学、普通初中、高等教育在校生规模比上年均呈不同程度的增加，民办普通高中在校生规模保持稳定，而民办培训机构和民办中职教育的规模继续呈减少趋势。2012 年，民办培训机构 20155 所，比上年减少 1248 所，减少 5.80%；民办中职教育在校生为 240.88 万人，比上年减少 10.40%，占民办教育在校生总规模的比例也由上年的 7.20% 下降到 6.20%（见图 1-3）。

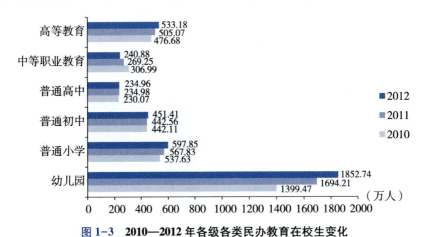

图 1-3　2010—2012 年各级各类民办教育在校生变化

【数据来源】教育部 . 2010-2012 年全国教育事业发展统计公报［EB/OL］.（2012-08-30）［2013-12-03］. http：//www. moe. gov. cn/publicfiles/business/htmlfiles/moe/moe_ 335/index. html.

（3）除高中阶段外，各级民办教育在校生比例上升。2012 年，除民办普通高中、民办中等职业教育外，各级民办教育在校生占各级教育在校生总规模的比例均有一定的增加，其中民办学前教育、民办普通初中在校生所占比例增幅较高，均比上年提高 0.80 个百分点，民办普通小学、民办高等教育在校生所占比例均比上年提高 0.50 个百分点。但民办普通高中与民办中等职业教育在校生比例却比上年分别下降 0.10、0.90 个百分点（见图 1-4）。

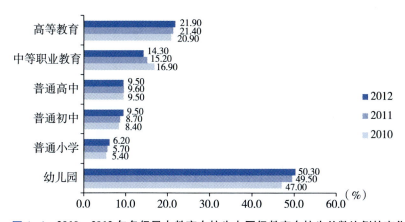

图1-4 2010—2012年各级民办教育在校生占同级教育在校生总数比例的变化

【数据来源】教育部发展规划司. 全国教育事业简明统计分析［M］. 2011、2012. 内部资料. 北京. 2012、2013.

2. 全国各级各类民办教育发展现状

（1）民办学前教育发展现状。2010年，国务院颁发的《关于当前发展学前教育的若干意见》（国发〔2010〕41号）明确指出，"必须坚持政府主导，社会参与，公办民办并举"，同时还提出"积极扶持民办幼儿园特别是面向大众、收费较低的普惠性民办幼儿园发展"。近年来，在国家政策的引导下，我国民办学前教育的发展逐步壮大，不仅办学规模日益扩大，办学条件和办学质量也在不断提高。

①民办学前教育规模继续壮大。2012年，民办学前教育规模继续呈逐步扩大趋势。2012年，全国民办幼儿园已达到12.46万所，比上年增加0.92万所，增长8.00%；民办学前教育在园幼儿为1852.74万人，比上年增加约158.54万人，增长9.40%①。

2012年，民办学前教育在园幼儿占全国学前教育在园幼儿总数的比例已突破一半，达到50.30%，比上年提高0.80个百分点（见图1-5）。与此同时，伴随着民办在园幼儿数量的增加以及逐渐增长对保教质量的需求，民办学前教育的教职工与专任教师数也在迅速增长。2012年，全国民办幼

---

① 教育部. 2012年全国教育事业发展统计公报［EB/OL］.（2012-08-30）［2013-12-03］. http：//www.moe.gov.cn/publicfiles/business/htmlfiles/moe/moe_633/201308/155798.html.

儿园的教职工和专任教师数分别达到 163.38 万人、91.34 万人，分别比上年增长 13.70%和 13.10%①。

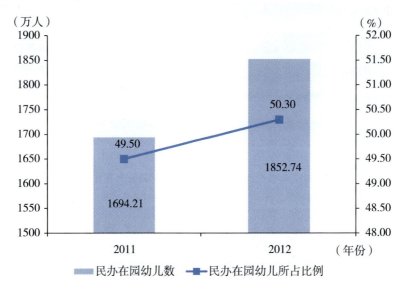

图 1-5　2011、2012 年民办学前教育在园幼儿数及占全国在园幼儿总数的比例

【数据来源】教育部发展规划司. 全国教育事业简明统计分析［M］. 2011、2012. 内部资料. 北京. 2012、2013.

②农村民办学前教育在园幼儿规模大于城市，但占学前在园幼儿总数的比例小于城市。2012 年，农村民办学前教育在园幼儿达到 1091.50 万人（比上年增长 8.40%），占农村学前教育在园幼儿总数的 44.80%，而城市民办学前教育在园幼儿为 761.30 万人（比上年增长 10.70%），占城市学前教育在园幼儿总数的 60.90%（见图 1-6）。同时，由于我国东、中、西部各区域间社会经济发展的差异及历史的原因，不同区域间民办学前教育在园幼儿的城乡分布情况也表现出一定的差异，其中我国中西部地区民办学前教育在园幼儿主要分布在农村地区，而东部地区城市民办学前教育在园幼儿规模大于农村（见图 1-7）。

---

① 教育部发展规划司. 全国教育事业简明统计分析［M］. 2011、2012. 内部资料. 北京. 2012、2013.

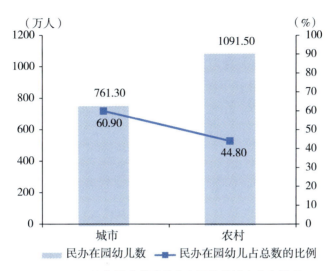

图 1-6 **2012 年民办学前教育在园幼儿城乡分布情况**

【数据来源】教育部发展规划司. 全国教育事业简明统计分析 [M]. 2012. 内部资料. 北京. 2013.

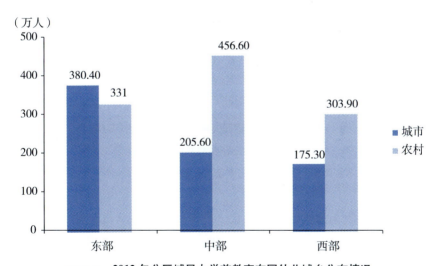

图 1-7 **2012 年分区域民办学前教育在园幼儿城乡分布情况**

【数据来源】教育部发展规划司. 全国教育事业简明统计分析 [M]. 2012. 内部资料. 北京. 2013.

③中部地区民办学前教育在园幼儿规模增长最快，在园幼儿占总规模的比例大于东部和西部地区。分区域看，尽管中部地区民办学前教育规模

稍逊于东部地区，但其增长速度最快。2012 年，我国中部地区民办学前教育在园幼儿达到 662.20 万人，比上年增长 14.60%，而东部和西部地区民办学前教育在园幼儿分别为 711.40 万人和 479.20 万人，年增长率分别为 4.00% 和 10.90%。此外，中部地区民办学前教育在园幼儿占学前教育在园幼儿总数的比例达到 58.40%，明显高于东部和西部地区，比例分别为 46.10%、47.60%（见图 1-8）。

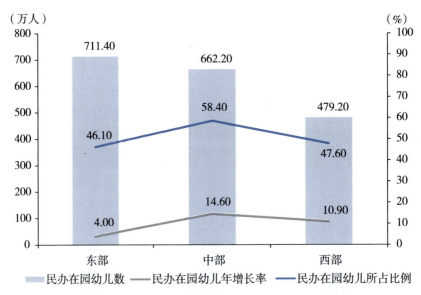

图 1-8　2012 年分区域民办学前教育在园幼儿规模、增长率及民办在园幼儿所占比例

【数据来源】教育部发展规划司 . 全国教育事业简明统计分析［M］. 2012. 内部资料. 北京 . 2013.

（2）民办中小学教育发展现状。我国民办中小学教育的发展趋于稳定，无论是学校数还是在校生规模变化幅度均不太明显。其中，民办初中和民办普通高中在校生占所在学段总规模的比例基本持平，高于民办小学所占份额。分区域来看，我国中部地区民办义务教育在校生规模增长最快，而西部地区增幅最小，且西部地区民办小学在校生出现下降趋势。

①民办义务教育规模略有增长，民办普通高中规模保持稳定。2012 年，全国民办小学和初中的学校数、在校生数均比上一年有所增加，但增

幅不大。2012 年，全国民办小学、民办初中分别为 5213 所、4333 所，比上年增加 27.51 所，比上年增长 0.50%、1.20%；全国民办小学、民办初中在校生规模分别为 597.90 万人、451.40 万人，比上年增长 5.30%、2.00%。相比之下，民办普通高中规模变化不大，2012 年，全国民办普通高中 2371 所，比上年减少 23 所，在校生 235 万人，与上年持平（见图 1-9）。

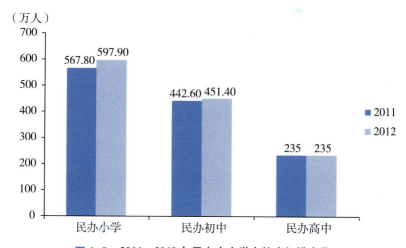

图 1-9　2011—2012 年民办中小学在校生规模变化

【数据来源】教育部发展规划司 . 全国教育事业简明统计分析 ［M］. 2011、2012. 内部资料. 北京 . 2012、2013.

②民办初中、普通高中在校生占同级教育在校生总数比例高于民办小学，民办初中在校生所占比例增长最快。2012 年，尽管民办普通高中在校生规模不及民办小学、民办初中，但民办普通高中在校生占普通高中在校生总数的比例却高达 9.50%（与民办初中在校生所占比例持平），而民办小学在校生占小学在校生总数的比例仅为 6.20%。与 2011 年比，2012 年民办初中在校生所占比例增长最快，增长 0.80 个百分点，其次是民办小学，增长 0.50 个百分点，而民办高中却减少 0.10 个百分点（见图 1-10）。

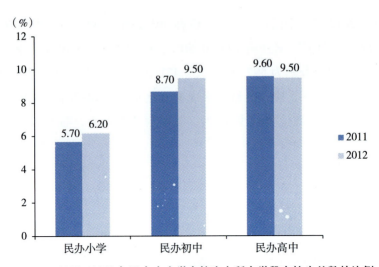

图 1-10　2011—2012 年民办中小学在校生占所在学段在校生总数的比例

【数据来源】教育部发展规划司. 全国教育事业简明统计分析［M］. 2011、2012. 内部资料. 北京. 2012、2013.

③中部地区民办义务教育在校生规模增长最快，东部地区民办初中在校生增速趋缓，西部地区民办小学在校生有所下降。分区域看，我国东部和中部地区民办义务教育在校生规模明显大于西部地区。2012 年，民办小学、民办初中在校生规模的增长均以中部地区增速最高，增长率分别为 9.90%、3.50%；而东部地区民办小学在校生比上年增长 5%，西部地区甚至减少 2.60%；东西部地区民办初中在校生比上年分别增长 0.80%、1.70%（见图 1-11）。

（3）民办中等职业教育发展现状。全国民办中等职业教育总体规模呈下降趋势，无论是学校数和在校生规模的绝对数量还是民办中职所占的比例，均持续下降。分区域来看，中部和西部地区民办中职所占比例高于全国整体水平。在民办中职学校师资配备方面，尽管在数量和质量上均有所改善，但与全国中职总体师资水平相比，仍存在较大发展空间。

①民办中等职业教育规模持续下降。2012 年，全国民办中等职业教育的学校数、在校生数继续维持上一年的下降趋势，民办中等职业学校数为 2649 所，比上年减少 207 所，降幅达 7.20%；民办中等职业教育在校生 240.90 万人，比上年减少 28.40 万人，降幅达 10.50%（见图 1-12）。

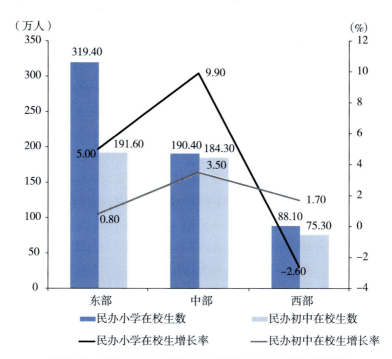

图 1-11 **2012 年分区域民办义务教育在校生规模及增长率**

【数据来源】教育部发展规划司．全国教育事业简明统计分析［M］．2012．内部资料．北京．2013．

图 1-12 **2011—2012 年民办中等职业教育规模变化**

【数据来源】教育部发展规划司．全国教育事业简明统计分析［M］．2011、2012．内部资料．北京．2012、2013．

②民办中等职业教育在校生所占比例持续下降，中西部地区民办中职所占比例高于全国水平。2012 年，民办中等职业学校在校生占全国中职在校生总数的比例为 14.30%，继续维持上一年的下降趋势，比上一年减少 0.90 个百分点。分区域看，2012 年，东部民办中等职业学校在校生占全国中职在校生总数的比例最低（10.80%），而中部和西部地区的比例均高于全国水平，分别为 15.90%、17.10%；按该比例的减少程度看，中部的降幅最大，比上一年减少 1.20 个百分点，其次为东部地区，比上一年减少 1 个百分点，而西部地区比上一年减少 0.50 个百分点（见图 1-13）。

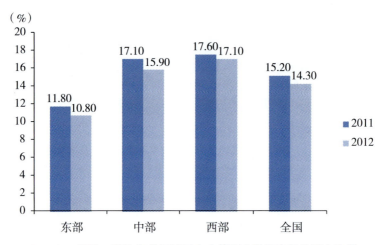

图 1-13　2011—2012 年分区域民办中等职业教育在校生所占比例

【数据来源】教育部发展规划司. 全国教育事业简明统计分析［M］. 2011、2012. 内部资料. 北京. 2012、2013.

③民办中职学校专任教师配备情况虽有所改善，但仍与全国中职总体水平存在较大差距。尽管 2012 年民办中等职业学校的生师比比上一年有所改进（2011 年为 28.20：1），达到 27.30：1，但依然偏高，比全国总体的 24.20：1 还存在较大差距。分区域看，中部地区民办中等职业学校的生师比状况较好，达到 24.10：1，而东部和西部地区分别为 26.10：1、33.00：1（见图 1-14）。除此之外，在民办中职学校中，本科及以上学历教师比例以及"双师型"教师占专任教师比例均有所提高。2012 年，民办中职学校本科及以上学历教师比例达到 72.50%，比上年提高 1.80 个百分点，

"双师型"教师占专任教师比例达到 21.30%，比上年提高 0.80 个百分点。

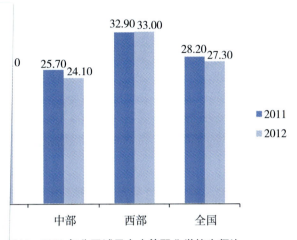

2011—2012 年分区域民办中等职业学校生师比

展规划司. 全国教育事业简明统计分析［M］. 2011、2012. 内部资料.

育发展现状。2012 年，全国民办高等教育总体规模继
囯民办高校总数达到 707 所，其中独立学院 303 所，民
科，民办普通高校教师的配备状况也在稳步提升。

招生及在校生规模继续增长。2012 年，全国民办高等
人本专科）的招生数、在校生数均继续维持增长趋
等教育招生 160.30 万人，比上一年增长 4.30%；民
533.20 万人，比上一年增长 5.60%（见图 1-15）。其
招生 75.70 万人，比上一年增长 1.50%，独立学院本
人，比上一年增长 4.10%。

科的招生与在校生占普通本专科总规模的比例持续增
2012 年，无论是民办普通本专科的招生规模还是在校
专科总规模的比例均持续增长，且均超过 20.00%。

民办普通本专科招生 156.50 万人，占普通本专科招生总数的 22.70%，比上年提高 0.70 个百分点；民办普通本专科在校生 522.80 万人，占普通本专科在校生总数的 21.90%，比上年提高 0.50 个百分点（见图 1-16）。

education

四大教育研究书系

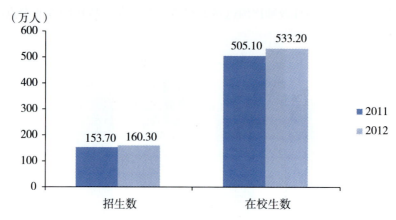

图 1-15 2011—2012 年民办高等教育招生及在校生规模变化

【数据来源】教育部发展规划司. 全国教育事业简明统计分析［M］. 2011、2012. 内部资料.
北京. 2012、2013.

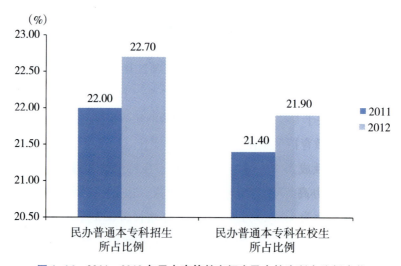

图 1-16 2011—2012 年民办高等教育招生及在校生所占比例变化

【数据来源】教育部发展规划司. 全国教育事业简明统计分析［M］. 2011、2012. 内部资料.
北京. 2012、2013.

　　③东部地区民办高等教育招生及在校生规模较大，而西部地区增速最
快。分区域看，东部地区民办高等教育的招生规模、在校生规模均大于中
部和西部地区。2012 年，东部地区民办高等教育招生数达到 73.40 万人，
远远高于中部地区的 48.10 万人和西部地区的 38.80 万人；东部地区民办

高等教育在校生规模达到 251.80 万人，远远高于中部地区的 162.30 万人和西部地区的 119.10 万人。尽管西部地区民办高等教育招生及在校生规模相对较小，但增长速度明显高于东部和中部地区，2012 年，西部地区民办高等教育招生规模增长速度为 8.10%，明显高于东部地区的 3.30% 和中部地区的 2.70%；2012 年，西部地区民办高等教育在校生规模增长速度为 11.00%，明显高于东部地区的 3.20% 和中部地区的 5.50%（见图 1-17）。

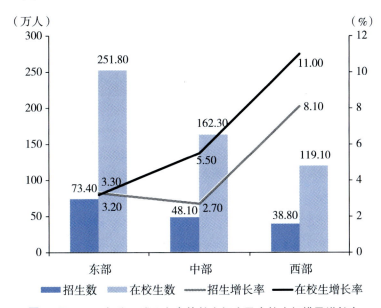

图 1-17　2012 年分区域民办高等教育招生及在校生规模及增长率

【数据来源】教育部发展规划司．全国教育事业简明统计分析［M］．2012．内部资料．北京．2013．

④民办高等教育本科招生和在校生规模及增长均高于专科，本、专科在校生比继续提高。按民办高等教育的学历层次看，不仅民办本科的招生及在校生规模大于专科，且增长速度明显高于专科。2012 年，民办本科招生 94.50 万人，比上年增长 7.00%，而专科招生 65.70 万人，仅比上年增长 0.50%；民办本科在校生 341.20 万人，比上年增长 9.40%，而专科在校生为 191.90 万人，仅比上年增长 0.70%。同时，2011—2012 年，民办本、专科在校生比例从 1.60：1 提高到 1.80：1，民办本科在校生规

模占民办高等教育本、专科在校生总规模的比例从 61.70% 升至 64.00%（见图 1-18）。

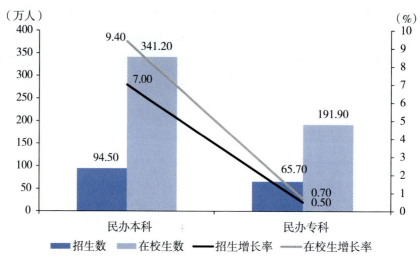

图 1-18　2012 年民办本、专科招生及在校生规模及其增长率

【数据来源】教育部发展规划司．全国教育事业简明统计分析［M］．2012．内部资料．北京．2013．

⑤民办普通高校教师配备水平稳步提高，民办专科学校"双师型"教师所占比例明显高于民办本科学校。从教师学历水平看，民办普通高校具有高学历的专任教师数量逐步增加。2012 年，民办普通高校具有研究生学位的专任教师所占比例为 55.60%（其中，民办本科学校具有研究生学位专任教师的比例为 63.20%，明显高于专科的 34.10%），比上年提高 2.20个百分点；具有博士学位的专任教师所占比例为 7.30%（其中，民办本科学校具有博士学位专任教师的比例为 9.40%，明显高于专科的 1.60%），比上年提高 0.70 个百分点。尽管民办本科学校高学历专任教师所占比例明显高于民办专科学校，但其"双师型"教师占专任教师比例却不及专科学校：民办本、专科学校"双师型"教师占专任教师比例分别为 7.80%、25.00%（见图 1-19）。

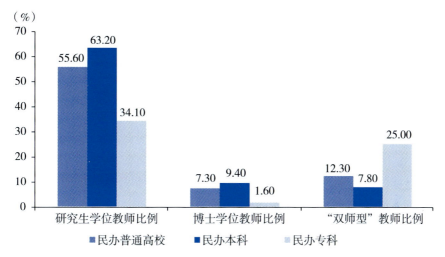

图 1-19　**2012 年民办普通高校专任教师配备水平**

【数据来源】教育部发展规划司. 全国教育事业简明统计分析［M］. 2012. 内部资料. 北京. 2013.

（二）全国民办教育政策的新发展

近年来，民办教育发展规模的不断壮大，民办教育的办学体制与运行机制在不断改革和创新，国家也相继出台了很多促进和扶持民办教育发展的新政策。2010 年，全国教育工作会议的召开以及《教育规划纲要》的颁布实施，标志着民办教育的发展进入一个新的关键时期。《教育规划纲要》不仅赋予民办教育新的战略定位与发展任务，即"民办教育是教育事业发展的重要增长点和促进教育改革的重要力量"，同时还提出"健全政府主导、社会参与、办学主体多元、办学形式多样、充满生机活力的办学体制，形成以政府办学为主体、全社会积极参与、公办教育和民办教育共同发展的格局"，这一关于如何深化办学体制改革的明确要求，阐明了在我国未来十年的教育改革和发展中民办教育应扮演的重要角色，也给予其更广阔的发展空间。

1. 新一届政府深化改革的思想为民办教育改革带来新的机遇

2013 年 11 月 12 日，十八届三中全会通过的《中共中央关于全面深化改革若干重大问题的决定》（后文简称《决定》）提出全面深化改革，并指出经济体制改革是全面深化改革的重点，核心是处理好政府和市场的关系。《决定》指出，要发挥市场在资源配置中的决定性作用。民办教育领域也要更多地发挥市场对民办教育资源配置的作用。一方面，政府要为民间资金兴办教育创造良好条件，充分发挥社会力量办学兴教的积极性；另一方面，民办学校也要密切关注市场需要和群众需求，特别是民办高等院校和职业学校，要按照区域产业发展设置和调整专业。同时，《决定》还要求坚持权利平等、机会平等、规则平等，废除对非公有制经济各种形式的不合理规定，消除各种隐性壁垒，这对优化民办教育发展环境起到有力的作用①。总的来说，国家这一关于全面深化改革的总体部署体现在教育领域，对我国民办教育发展起到很好的指导作用，也为民办教育改革指明了制度性方向。

2014 年 3 月 5 日，李克强总理在《政府工作报告》第三部分《2014年重点工作》中，关于"促进教育事业优先发展、公平发展"方面，专门指出要鼓励发展民办学校。由此进一步体现出政府对民办教育的重视以及大力支持民办学校发展的政策倾向。

2. 民办教育改革试点已进入具体实施阶段

为进一步深化教育体制改革，根据《教育规划纲要》关于开展国家教育改革试点的总体部署，国家专门成立了国家教育体制改革领导小组，负责研究部署、指导实施教育体制改革工作，统筹协调教育改革发展中的重大问题。自 2010 年 10 月，国务院办公厅颁发《关于开展国家教育体制改革试点的通知》（国办发〔2010〕48 号）以来，将"改善民办教育发展环境，深化办学体制改革"作为十大开展国家教育体制专项改革试点的领域之一，目前，民办教育的改革试点均已进入具体实施阶段，为国家层面的改革与探索积累宝贵的经验，具有十分重要的借鉴意义。其中对民办教育的四项改革试点任务及其试点区域或学校有涉及（见表1-1）。

---

① 鲁昕. 学习贯彻党的十八届三中全会精神深化教育领域综合改革——推进民办教育健康发展［N］. 中国教育报，2013-12-03.

表1-1　民办教育改革的重点任务及试点范围

改革任务	试点任务	试点范围
改善民办教育发展环境，深化办学体制改革	探索营利性和非营利性民办学校分类管理办法	上海市，浙江省，广东省深圳市，吉林华桥外国语学院
	清理并纠正对民办教育的各类歧视政策，保障民办学校办学自主权	上海市，浙江省，广东省深圳市，云南省
	完善支持民办教育发展的政策措施，探索公共财政资助民办教育具体政策，支持民办学校创新体制机制和育人模式，办好一批高水平民办学校	上海市，浙江省，福建省，江西省，广东省深圳市，云南省，宁夏回族自治区，武汉科技大学中南分校
	改革民办高校内部管理体制，完善法人治理结构，建立健全民办学校财务、会计和资产管理制度	上海市，江苏省，浙江省，云南省，西安欧亚学院

同时，在改革试点具体推进过程中，为落实《教育规划纲要》提出的"对具备学士、硕士和博士学位授予单位条件的民办学校，按规定程序予以审批"这一针对民办高校的优惠政策，2011年10月，教育部正式审批通过吉林华桥外国语学院、北京城市学院、河北传媒学院、西京学院、黑龙江东方学院等5所民办高校成为首批获得研究生招生资格的民办高校，并于2012年开始招生。这一举措不仅给这几所民办高校带来更多办学与发展空间，同时也意味着我国民办高校正在逐步从扩展规模向注重质量和提高办学层次转变，促进其与公立高校的有效竞争。

3. 鼓励民间资金进入民办教育领域

民办教育的客观性与特殊性决定了我国民办教育的发展离不开多种形式民间资本的参与和民间力量的支持。国务院在2010年5月出台的《关于鼓励和引导民间投资健康发展的若干意见》（国发〔2010〕13号）中，提出鼓励民间资本参与发展教育和社会培训事业，指出"支持民间资本兴办高等学校、中小学校、幼儿园、职业教育等各类教育和社会培训机构。修改完善《中华人民共和国民办教育促进法实施条例》，落实对民办学校的人才鼓励政策和公共财政资助政策，加快制定和完善促进民办教育发展的金融、产权和社保等政策，研究建立民办学校的退出机制"。

为进一步落实国家的这项政策，2012 年 6 月，教育部颁发的"二十二条"不仅明确提出拓宽民间资金参与教育事业发展的渠道，第一次确定了境外资金办学的方式和途径，同时也要完善和落实民办教育的相关政策，特别强调清理并纠正对民办学校的各类歧视政策以及民办学校、学生、教师同等待遇的问题，这一政策的颁布实施为民办教育的发展带来了新的生机和动力，在业内产生很大反响，有利于更好地引导民间资金进入、扩大教育供给，从而推动我国民办教育发展。教育部副部长鲁昕在中国民办教育协会 2012 年年会上的讲话针对贯彻落实"二十二条"，提出了三个方面需要重点突出的内容：一是进退自由，在准入上进一步放宽审批条件，同时对于民间资金参与办学，也允许退出，但要求有序；二是地位平等，主要体现在民办学校招生、教育教学自主权，教师地位、学生待遇等方面；三是规范发展，对学校内部治理结构、党组织建设、教职工代表大会制度、资产财务管理都提出了要求[1]。

4. 出台政府购买民办教育服务的指导意见

十八届三中全会通过的《决定》指出，"健全政府补贴、政府购买服务、助学贷款、基金奖励、捐资激励等制度，鼓励社会力量兴办教育"，通过建立健全以上五种公共财政扶持制度，形成政府扶持民办教育发展的长效机制。其中政府购买服务是非常有效的一种扶持民办教育的新方式，主要是指政府可以通过委托、承包、采购等形式，向民办学校购买就读学位、教师培训、优质课程、科研成果、政策咨询等服务[2]。

在政府购买服务方面，国家十分重视，并专门出台相关指导意见。2012 年 11 月 8 日召开的十八大强调要加强和创新社会管理，改进政府提供公共服务方式，同时新一届国务院明确要求在公共服务领域更多利用社会力量，加大政府购买服务力度。为进一步落实该要求，国务院办公厅于

---

① 中国民办教育协会. 鲁昕：在中国民办教育发展大会上的讲话 [EB/OL]. (2013-01-15) [2014-03-15]. http://canedu.org.cn/index.php? m=content&c=index&a=show&catid=9&id=425.

② 鲁昕. 学习贯彻党的十八届三中全会精神深化教育领域综合改革——推进民办教育健康发展 [N]. 中国教育报, 2013-12-03.

2013 年 9 月 26 日出台《关于政府向社会力量购买服务的指导意见》（国办发〔2013〕96 号）。该意见不仅明确提出了关于政府购买服务目标任务①，也规定了开展政府向社会力量购买服务工作的具体要求与原则，其中教育作为我国基本公共服务的重要领域之一，也被纳入政府需加大向社会力量购买服务力度的范畴。在我国教育领域的不同教育阶段，无论是国家层面还是地方政策都在积极探索政府购买服务的新方式。该政策的出台，无疑加快和推进了这一新型运行机制的发展，为其提供各种保障制度和平台，不仅促进了该机制的逐步完善，同时也从另一方面推动民办教育的发展。

二、各省（直辖市、自治区）民办教育的新进展

近年来，为进一步贯彻落实《民办教育促进法》及其实施条例，各省级政府积极出台民办教育的地方性法规或相关政策。在地方性民办教育立法的支持下，地方民办教育发展势态良好，同时各地也在结合当地具体经济社会发展实际和民办教育发展过程中遇到的问题，积极探索和创新扶持民办教育发展、规范民办教育管理的新举措。

（一）各省（直辖市、自治区）民办教育发展状况与特点分析②

1. 各省（直辖市、自治区）民办学前教育发展现状

近年来，我国在公办和民办并举共同解决适龄儿童入园问题的总体思想指导下，各省（直辖市、自治区）民办学前教育也发展迅速，无论是幼

---

① 政府购买服务的目标任务："十二五"时期，政府向社会力量购买服务工作在各地逐步推开，统一有效的购买服务平台和机制初步形成，相关制度法规建设取得明显进展。到 2020 年，在全国基本建立比较完善的政府向社会力量购买服务制度，形成与经济社会发展相适应、高效合理的公共服务资源配置体系和供给体系，公共服务水平和质量显著提高。

② 由于 2012、2013 年《中国教育年鉴》尚未出版，未能获得 2011 年、2012 年分省数据的全部指标，故本部分各级各类民办教育关于学校数的指标以及民办培训机构的全部数据仅更新至 2010 年，来源为 2011 年《中国教育年鉴》；而各级各类民办教育在校生指标的数据更新到 2012 年，数据来源为教育部发展规划司编《全国教育事业简明统计分析》。

儿园数还是在园幼儿数以及民办在园幼儿所占比例，多数省份民办学前教育规模均呈现稳定增长趋势。

（1）多数省份民办学前教育规模继续扩大。2010 年，全国大多数省份民办学前幼儿园数均比上一年呈现不同程度增长，黑龙江、江苏、浙江、福建等地除外。其中，民办学前幼儿园数增幅较为明显的前五位分别为湖北、山东、西藏、陕西、海南，增幅比 2009 年依次增长 57.80%、56.90%、47.40%、40.50%、32.90%（见图 1-20）。

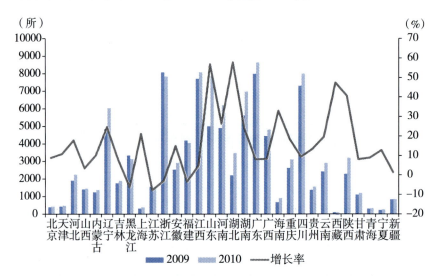

图 1-20　2009—2010 年各省（直辖市、自治区）民办学前教育幼儿园数及增长率

【数据来源】《中国教育年鉴》编辑部. 中国教育年鉴［M］. 2010、2011. 北京：人民教育出版社，2011、2012.

2012 年，除吉林、江苏、浙江、山东、新疆等地民办学前在园幼儿数出现小幅减少外，全国大多数省份民办学前在园幼儿数均呈现不同程度的增长趋势。其中，年增长率较大且超过 20% 的省份依次为安徽、海南、广西、河北，增幅分别为 45.50%、32.90%、22.80%、21.90%（见图 1-21）。

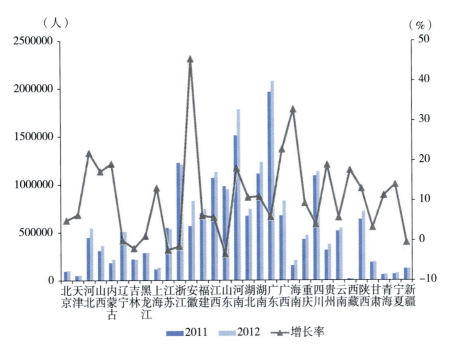

图 1-21 2011—2012 年各省（直辖市、自治区）民办学前教育在园幼儿及增长率

【数据来源】教育部发展规划司. 全国教育事业简明统计分析［M］. 2011、2012. 内部资料. 北京 . 2012、2013.

2012 年，全国整体民办学前教育在园幼儿占学前教育在园幼儿总数的比例比 2011 年略有增长，提高了 0.80 个百分点。除约 1/3 省份（北京、广东、江苏、浙江、山东、黑龙江、西藏、陕西、甘肃、青海、新疆）的民办学前在园幼儿所占比例稍有下降外，全国多数省份的民办学前在园幼儿所占比例稳定增长，但增幅均不大且无太大差异。其中，广西、吉林两省民办学前在园幼儿所占比例与上一年相比，完成了超过 50% 的飞跃。截至目前，全国已有 16 个省民办学前在园幼儿所占比例超过 50%（见图 1-22）。

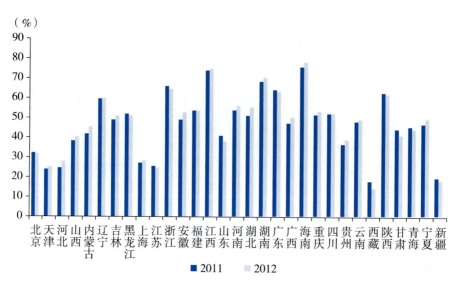

**图 1-22　2011—2012 年各省（直辖市、自治区）民办学前教育
在园幼儿占在园幼儿总数的比例**

【数据来源】教育部发展规划司．全国教育事业简明统计分析［M］．2011、2012．内部资料．
北京．2012、2013．

（2）多数省份民办学前教育在园幼儿规模农村大于城市，民办学前教
育在园幼儿占在园幼儿总数的比例城市高于农村。分城乡看，2012 年，除
北京、天津、上海、广东、辽宁、吉林、江苏、西藏、宁夏、新疆等地
外，多数省份农村民办学前在园幼儿大于城市。与 2011 年相比，城市民办
在园幼儿数除吉林省略有减少外，其余省份均呈现不同程度增长，农村民
办在园幼儿数除山东、江苏、新疆、浙江、北京、辽宁、黑龙江、甘肃、
吉林外，其余省份均呈现不同程度增长；除河北、吉林、安徽、福建、河
南、湖南、广西、海南、贵州、西藏、青海等地外，多数省份城市民办学
前在园幼儿增幅大于农村（见图 1-23）。

在全国 31 个省份中，各省（直辖市、自治区）农村民办学前在园幼
儿规模差异较大，其中位居前三位的依次为河南、江西、湖南，分别为
128.90 万人、90.40 万人、87.50 万人，规模较小的西藏、北京、天津、
宁夏农村民办学前在园幼儿还不足 3 万人；同时，各省（直辖市、自治
区）城市民办学前在园幼儿规模也存在较大差异，广东、浙江、河南位居

前三位，依次为 137.80 万人、52.20 万人、50.00 万人，而西藏、青海、天津、宁夏城市还不足 5 万人。

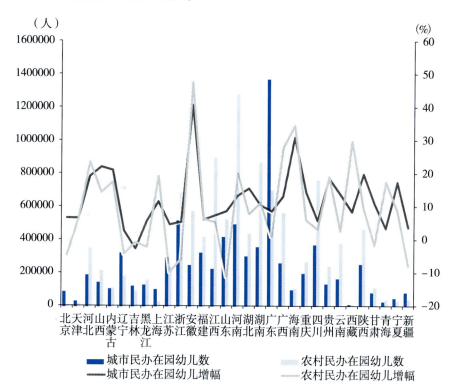

图 1-23　2012 年各省（直辖市、自治区）分城乡民办学前教育在园幼儿规模及增长率

【数据来源】教育部发展规划司．全国教育事业简明统计分析［M］．2011、2012．内部资料．北京．2012、2013.

　　分城乡看，2012 年，除上海、浙江外，多数省份城市民办学前在园幼儿占在园幼儿总数的比例大于农村。在全国 31 个省份中，无论是农村还是城市，各省（直辖市、自治区）民办学前在园幼儿所占比例均存在较大差异，其中，城市民办学前在园幼儿所占比例较高的为海南、湖南、江西（分别达到 83.50%、81.70%、75.10%），而北京、上海、天津、江苏等地的比例不足 40%；同时，江西、海南、湖南等地农村民办学前在园幼儿所占比例也位居前三位，比例分别为 74.10%、70.10%、66.00%，而新疆、西藏、江苏等地的比例不足 20%（见图 1-24）。

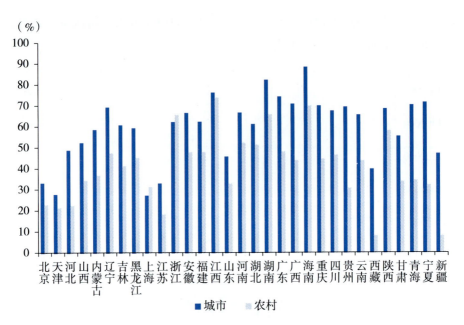

图 1-24　**2012 年各省（直辖市、自治区）分城乡民办学前教育
在园幼儿占在园幼儿总数的比例**

【数据来源】教育部发展规划司．全国教育事业简明统计分析［M］．2012．内部资料．北京．2013.

2. 各省（直辖市、自治区）民办中小学教育发展现状

由于国家承担着义务教育的主体责任，民办义务教育在规模上相对较小，可作为公办教育的有效补充。各省（直辖市、自治区）民办中小学规模发展较为稳定，多数省份尽管民办义务教育学校数有所减少，但在校生规模仍保持稳定增长；而各省（直辖市、自治区）民办普通高中在校生规模的发展趋势各不相同。同时，从区域差距来看，各地民办中小学教育所占份额仍呈现一定的省际差异。

（1）多数省份民办义务教育学校数有所减少，但在校生规模稳定增长。2010 年，天津、广东、西藏等地民办小学的学校数与上一年持平，除河北、安徽、海南、吉林、湖南、甘肃、上海、河南、黑龙江、辽宁、青海等地外，多数省份民办小学的学校数呈不同程度减少。其中，减幅超过20% 的有宁夏、江苏、内蒙古、新疆，减幅依次为 40.00%、30.90%、

22.60%、20.70%。就民办初中的学校数而言，西藏与宁夏民办初中的学校数与 2009 年持平，约半数省份民办初中的学校数均有所减少，山东、海南、四川、贵州、广东、上海、河南、江西、安徽、陕西、吉林、湖南、甘肃等地除外。其中，青海 2009 年的 1 所民办初中不再举办，北京、内蒙古、天津等地民办初中学校数减幅较为明显，分别为 27.30%、22.70%、22.20%（见图 1-25）。

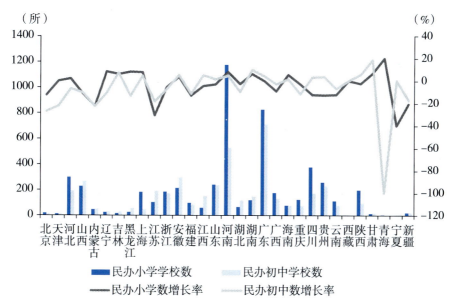

图 1-25　**2010 年各省（直辖市、自治区）民办义务教育学校数及增长率**

【数据来源】《中国教育年鉴》编辑部. 中国教育年鉴［M］. 2010、2011. 北京：人民教育出版社，2011、2012.

与上一年相比，除内蒙古、黑龙江、山东、海南、四川、云南、陕西、青海、新疆等地外，2012 年，多数省份民办小学在校生稳定增长；除天津、黑龙江、上海、江苏、安徽、福建、海南、云南、陕西、青海、新疆等地外，2012 年，多数省份民办初中在校生呈不同程度增长。其中，北京民办义务教育在校生增长最快（民办小学在校生增长率达到 42.50%，民办初中在校生增长率达到 13.90%）。同时，除内蒙古、黑龙江、山东、湖北、海南、重庆、四川、贵州、云南、甘肃、青海等地外，2012 年，多数省份民办小学在校生增幅高于民办初中（见图 1-26）。

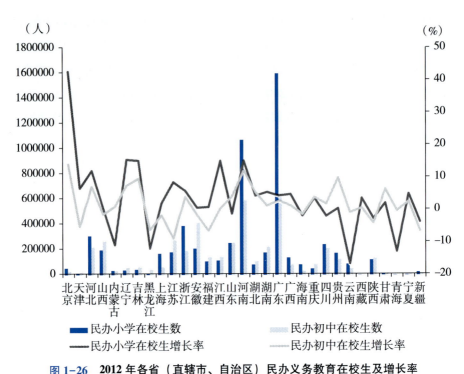

图 1-26　**2012 年各省（直辖市、自治区）民办义务教育在校生及增长率**

【数据来源】教育部发展规划司. 全国教育事业简明统计分析 ［M］. 2011、2012. 内部资料.
北京 . 2012、2013.

2012 年，多数省份民办小学在校生占小学在校生总数的比例变化不大，比上一年略有增长，内蒙古、黑龙江、上海、福建、海南、云南、青海、新疆等地有所减少；除天津、黑龙江、上海、江苏、福建、新疆等地略有下降外，多数省份民办初中在校生占初中在校生总数的比例呈现小幅增长。其中，民办小学在校生占小学在校生总数的比例增长较快的依次为北京、河南、广东，比上一年增长超过 1 个百分点，分别增长 1.86、1.40、1.11 个百分点；民办初中在校生占初中在校生总数的比例增长较快的前三个省为安徽、湖北、河南，分别增长 2.57、1.80、1.75 个百分点。综合来看，2012 年，多数省份民办初中在校生所占份额高于民办小学在校生所占份额，上海、广东、海南、西藏等地除外（见图 1-27）。

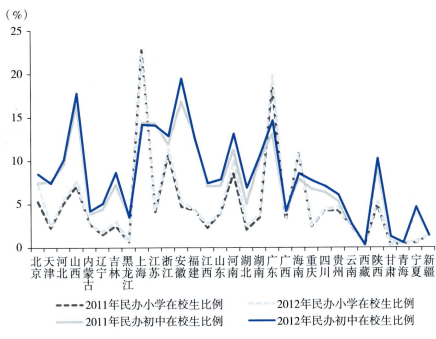

（%）

图例：
- - - - 2011年民办小学在校生比例
········· 2011年民办初中在校生比例
········ 2012年民办小学在校生比例
—— 2012年民办初中在校生比例

图 1-27 2011—2012 年各省（直辖市、自治区）民办义务教育在校生占同级教育在校生总数比例

【数据来源】教育部发展规划司．全国教育事业简明统计分析［M］．2011、2012．内部资料．北京．2012、2013．

（2）多数省份民办普通高中学校数有所减少，各省（直辖市、自治区）民办普通高中在校生变化趋势不同。2010 年，天津、辽宁、重庆、甘肃等地民办普通高中学校数与上一年持平，除贵州、安徽、广东、吉林、青海等地所有增长外，多数省份民办普通高中学校数比 2009 年呈不同程度减少。其中，西藏民办高中数从 2 所减为 1 所（减幅 50%），其次是河北减幅较为明显，达 20.80%（见图 1-28）。

在全国 31 个省份中，2012 年，约半数省份（北京、吉林、安徽、江西、山东、河南、湖南、广东、广西、海南、重庆、四川、贵州、青海、新疆等 15 省）民办普通高中在校生规模有所扩大，其余省份规模缩小。其中，增长最快的北京，年增长率为 19.30%，其次为河南年增长率为 17.60%；规模下降最快的为黑龙江，减幅达 42.40%，其次为河北，减幅达 24.30%（见图 1-29）。

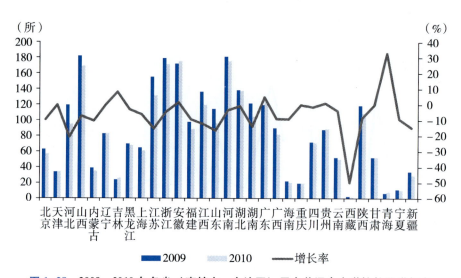

图 1-28 2009—2010 年各省（直辖市、自治区）民办普通高中学校数及增长率

【数据来源】《中国教育年鉴》编辑部. 中国教育年鉴［M］. 2010、2011. 北京：人民教育出版社，2011、2012.

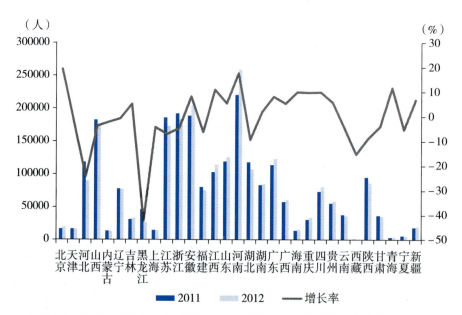

图 1-29 2011—2012 年各省（直辖市、自治区）民办普通高中在校生及增长率

【数据来源】教育部发展规划司. 全国教育事业简明统计分析［M］. 2011、2012. 内部资料. 北京 . 2012、2013.

2012 年，约半数省份（北京、天津、辽宁、吉林、安徽、江西、山东、河南、湖南、广东、广西、海南、重庆、四川、青海、新疆等 16 省）民办普通高中在校生占在校生总数的比例有所增加，其余省份的比例呈下降趋势。其中，民办普通高中在校生占在校生总数的比例增长较快的依次为河南、北京、安徽，比例分别比上一年增长 1.80、1.70、1.00 个百分点；比例下降较为明显的为黑龙江、河北、山西，比例分别比上一年减少 3.10、2.00、0.90 个百分点（见图 1-30）。

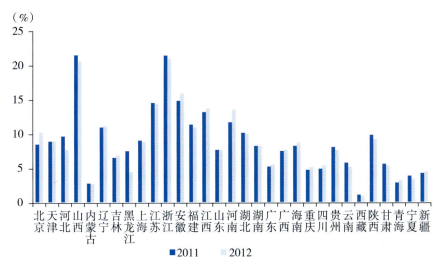

图 1-30　2011—2012 年各省（直辖市、自治区）民办普通高中在校生占在校生总数的比例

【数据来源】教育部发展规划司．全国教育事业简明统计分析 ［M］．2011、2012．内部资料．北京．2012、2013．

（3）民办中小学在校生所占比例存在区域差异。在全国 31 个省份中，不同省份之间的民办中小学在校生占同级教育的比例存在一定差距，无论是义务教育阶段还是普通高中，民办教育所占比例较高的主要为经济较为发达的东部地区，而西部欠发达地区民办教育所占份额相对较小。

2012 年，民办小学在校生占同级教育在校生总数的比例高于全国水平（6.17%）的为上海、广东、浙江、海南、河南、山西、北京等 7 个省份，其中上海市的比例最高，达 22.33%；安徽、山西、广东、上海、江苏、河南、浙江、福建、湖南、陕西、河北等 11 个省份民办初中在校生占同级教育在校生总数的比例高于全国水平（9.48%），其中安徽省的比例最高，达 19.42%。分学段看，民办小学及民办初中所占比例均超过全国水平的有上海、广东、浙江、河南。同时，民办小学及民办初中所占比例均较低的省份有青海、甘肃、西藏，其中西藏义务教育所占比例最低，即民办小学所占比例为 0.23%，民办初中所占比例为 0.18%（见图 1-27）。

2012 年，浙江、陕西、安徽、江苏、江西、河南、辽宁、福建、北京、湖北等 10 地民办普通高中在校生所占比例高于全国水平（9.52%），其中比较位居前三位的为浙江、山西、安徽，分别为 21.41%、21.44%、14.78%，而比例位居后三位的为西藏、内蒙古、青海，分别为 0.84%、2.62%、3.17%（见图 1-30）。

3. 各省（直辖市、自治区）民办中等职业教育发展现状

尽管我国各地区民办中等职业教育规模发展状况各异，民办中职所占份额也存在一定的省际差距，但多数省份民办中等职业教育的发展在规模上已趋于稳定，逐渐呈现不同程度减少趋势。

（1）各省（直辖市、自治区）民办中职学校数变化趋势不一致，多数省份民办中职在校生数减少。2010 年，北京、上海、西藏、新疆等地民办中职学校数与上一年持平，重庆、江苏、广西、福建、内蒙古、山东、江西、湖南、陕西、浙江、辽宁、海南等 12 地民办中职学校数有所减少，其余 15 省民办中职学校数呈不同程度增加。其中，天津、青海、宁夏虽然民办中职学校数规模不大，但 2010 年的增幅较大，分别为 33.30%、40.00%、50.00%；民办中职学校数减幅较为明显的为重庆和江苏，分别为 33.30%、21.60%（见图 1-31）。

2012 年，全国总体民办中等职业教育的规模呈萎缩趋势。分地区来看，在全国 31 个省份中，除宁夏、青海、云南、安徽、北京、海南等 6 地民办中职在校生规模出现增长外，多数省份均呈不同程度的下降趋势。在民办中职规模增长的省份中，宁夏回族自治区的增长最为突出，比上一年增长约 2.10 倍；而在民办中职规模减少的省份中，减少最为明显的为河北省，减幅达 92.60%，其次为湖北和吉林省，减幅依次为 37.50%、25.10%（见图 1-32）。

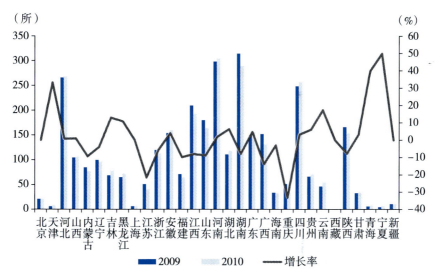

图 1-31　2009—2010 年各省（直辖市、自治区）民办中职学校数及增长率

【数据来源】《中国教育年鉴》编辑部. 中国教育年鉴［M］. 2010、2011. 北京：人民教育出版社，2011、2012.

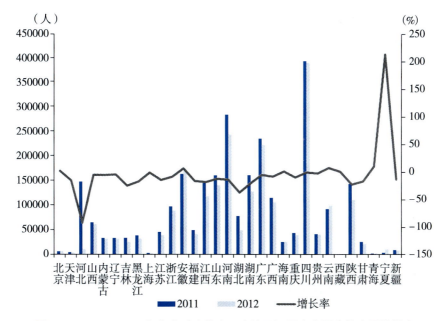

图 1-32　2011—2012 年各省（直辖市、自治区）民办中职在校生及增长率

【数据来源】教育部发展规划司. 全国教育事业简明统计分析［M］. 2011、2012. 内部资料. 北京. 2012、2013.

2012 年，我国多数省份民办中职在校生占中职在校生总数的比例呈下降趋势，宁夏、云南、海南、内蒙古、青海、辽宁、安徽等地除外。在民办中职所占比例增长的省份中，宁夏的增长最快，增长 6.56 个百分点；而在民办中职所占份额减少的省份中，比例下降较为明显的省份为湖南、江西、陕西，依次下降 3.29、3.14、2.79 个百分点（见图 1-33）。

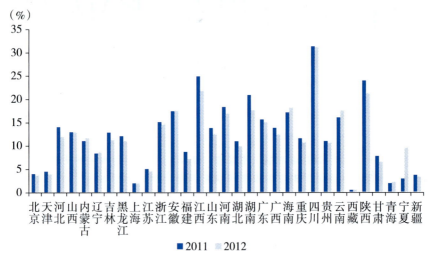

图 1-33　2011—2012 年各省（直辖市、自治区）民办中职在校生占同级教育总数的比例

【数据来源】教育部发展规划司. 全国教育事业简明统计分析［M］. 2011、2012. 内部资料. 北京. 2012、2013.

（2）民办中职在校生所占比例存在区域差异。在全国 31 个省份中，除西藏无民办中等职业学校外，各省民办中职在校生占同级教育的比例存在一定差距（见图 1-33）。2012 年，全国有四川、江西、陕西、海南、湖南、云南、安徽、河南、广东、浙江等 10 省民办中职在校生所占比例超过全国水平（14.30%），其中比例位居前三位的为四川、江西、陕西，依次为 31.00%、21.65%、21.03%。

与其他省份相比，2012 年，上海、青海、新疆等地民办中职在校生所占比例较低，比例依次为 1.86%、2.08%、3.20%。

4. 各省（直辖市、自治区）民办高等教育发展现状

各省（直辖市、自治区）民办高等教育发展迅速，多数省份民办高等学校招生及在校生规模均趋于增长，地方民办高校已作为我国高等教育事

业的重要组成部分，为国家培养了大量人才。

（1）多数省份民办高校学校数保持稳定，招生及在校生规模逐渐扩大。2010 年，除江苏、广西、山东、重庆、云南、广东、吉林、湖南、内蒙古、山西、河南等地民办高校数比上一年呈现不同程度增长外，其他多数省份民办高校数均与上一年持平，其中河南与山西民办高校数增幅较大，分别为 21.70%、20.00%。就民办高校中独立学院的学校数而言，除山东的独立学院数从 2009 年的 12 所增长到 2010 年的 13 所外，全国其余各省均保持稳定（见图 1-34）。

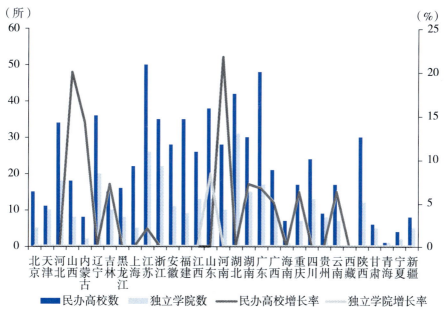

图 1-34　2010 年各省（直辖市、自治区）民办高校和独立学院的学校数及增长率

【数据来源】《中国教育年鉴》编辑部. 中国教育年鉴［M］. 2010、2011. 北京：人民教育出版社，2011、2012.

2012 年，我国多数省份民办本专科招生数与上一年相比呈不同程度增长，仅云南、安徽、山东、上海、内蒙古、江苏、福建、湖北、河北等 9 地招生数有所下降。其中，民办本专科招生增长超过 15% 的省份有山西、海南、广东、四川、宁夏、重庆等地，尤以山西增长最快，增幅为 20.20%，其次为海南，增幅为 19.30%（见图 1-35）。

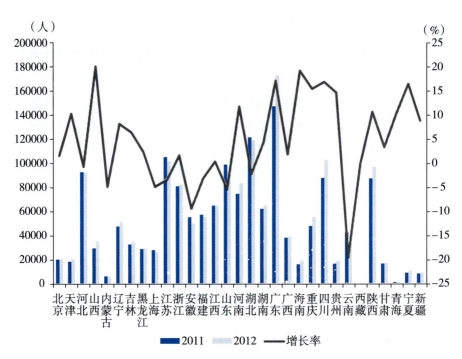

（人）　　　　　　　　　　　　　　　　　　　　　　　　　　（%）

北京　天津　河北　山西　内蒙古　辽宁　吉林　黑龙江　上海　江苏　浙江　安徽　福建　江西　山东　河南　湖北　湖南　广东　广西　海南　重庆　四川　贵州　云南　西藏　陕西　甘肃　青海　宁夏　新疆

■ 2011　　 2012　　—— 增长率

图 1-35　2011—2012 年各省民办本专科招生数及增长率

注：西藏无民办高等学校。

【数据来源】教育部发展规划司. 全国教育事业简明统计分析［M］. 2011、2012. 内部资料. 北京. 2012、2013.

2012 年，我国多数省份不仅民办本专科招生数的绝对量逐渐增长，而且民办高等教育招生占招生总数的比例也呈增长趋势，仅上海、江苏、安徽、福建、山东、湖北、广西、贵州、云南、甘肃等地民办本专科招生份额有所减少。其中，民办本专科招生份额增长较快的有海南、广东、四川、河北、宁夏等地，分别增长 3.97、2.98、2.63、2.39、2.07 个百分点（见图 1-36）。

与招生数变化趋势类似，2012 年，全国多数省份民办本专科在校生数也呈不同程度增长，唯有北京、上海、江苏、山东、内蒙古等地出现小幅下降。其中，民办本专科在校生增长超过 15% 的省份有重庆、四川、海南、宁夏，分别比上一年增长 20.30%、20.00%、16.30%、16.20%（见图 1-37）。

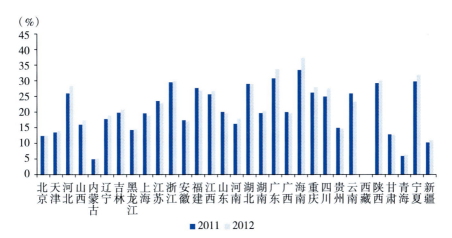

图 1-36　2011—2012 年各省（直辖市、自治区）民办本专科招生所占比例

注：西藏无民办高等学校。

【数据来源】教育部发展规划司．全国教育事业简明统计分析［M］．2011、2012．内部资料．北京．2012、2013．

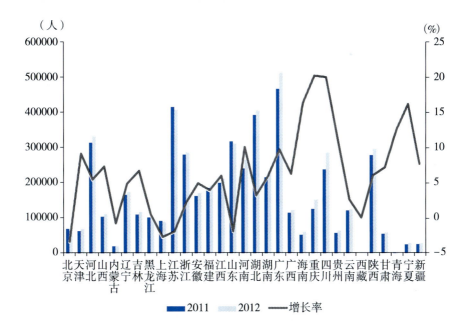

图 1-37　2011—2012 年各省（直辖市、自治区）民办本专科在校生数及增长率

注：西藏无民办高等学校。

【数据来源】教育部发展规划司．全国教育事业简明统计分析［M］．2011、2012．内部资料．北京．2012、2013．

2012 年，尽管多数省份民办本专科在校生总体规模逐渐增长，但各地民办本专科在校生占同级教育在校生总数的比例大多比上一年有所下降，唯有黑龙江和上海民办本专科在校生份额出现小幅提升，分别增长 0.11、0.16 个百分点。其中，比例减少较为明显的有宁夏、海南、重庆、陕西，尤以宁夏减幅最大，减少 2.95 个百分点（见图 1-38）。

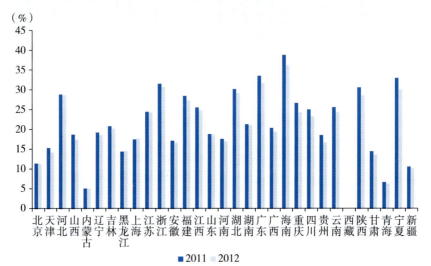

图 1-38　2011—2012 年各省（直辖市、自治区）民办本专科在校生所占比例

注：西藏无民办高等学校。

【数据来源】教育部发展规划司. 全国教育事业简明统计分析［M］. 2011、2012. 内部资料. 北京. 2012、2013.

（2）多数省份独立学院招生及在校生规模趋于增长。与 2011 年相比，2012 年大多数省份独立学院招生数均呈不同程度增长，海南、黑龙江、云南、湖北、江苏、安徽等地除外。其中，涨幅超过 10% 的依次为新疆、上海、四川、天津、青海、广西，尤以新疆增长最快，招生的年增长率达到 14.20%（见图 1-39）。

与招生数变化情况类似，2012 年，多数省份独立学院在校生规模逐渐扩大，但海南、黑龙江、湖北等地除外（其中海南和黑龙江降幅比较明显，分别为 100%、71.50%）。此外，独立学院在校生年增幅超过 10% 的有宁夏、四川、青海、内蒙古、广西、重庆、福建等 7 省，尤以宁夏和四川独立学院在校生增长最为明显，增幅均为 15.70%（见图 1-40）。

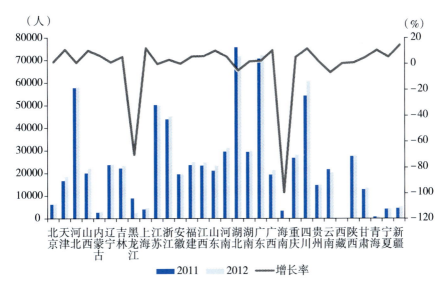

图1-39 **2011—2012年各省（直辖市、自治区）独立学院本专科招生数及增长率**

注：西藏无独立学院。

【数据来源】教育部发展规划司．全国教育事业简明统计分析［M］．2011、2012．内部资料．北京．2012、2013．

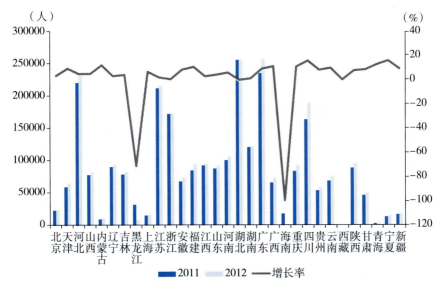

图1-40 **2011—2012年各省（直辖市、自治区）独立学院本专科在校生数及增长率**

注：西藏无独立学院。

【数据来源】教育部发展规划司．全国教育事业简明统计分析［M］．2011、2012．内部资料．北京．2012、2013．

（3）民办高等教育占同级教育比例存在区域差异。在全国 31 个省份中，无论是招生数还是在校生数，各省（直辖市、自治区）民办高等教育规模占同级教育的比例均存在较大差异。就招生规模而言，2012 年，民办高等教育招生数所占比例位居前三位的依次为海南、广东、宁夏，比例分别为 38.10%、34.40%、32.49%，其次为陕西和浙江，比例分别为 30.69%、30.52%，而民办高等教育招生所占份额较小的省份内蒙古和青海，比例不足 10%，仅为 5.31%、6.53%。就在校生数而言，2012 年，民办高等教育在校生数所占份额较小的省份仍为内蒙古和青海，比例分别为 5.14%、6.41%，而民办高校在校生所占比例较大的省份依次为海南、广东、浙江、宁夏、湖北，比例分别为 36.39%、31.88%、30.91%、30.24%、29.39%（见图 1-41）。

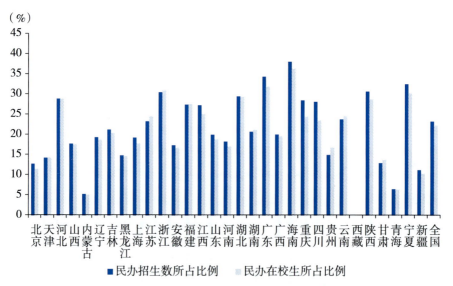

图 1-41 **2012 年各省（直辖市、自治区）民办高校本专科招生和在校生占同级教育比例**

注：西藏无民办高等学校。

【数据来源】教育部发展规划司. 全国教育事业简明统计分析［M］. 2012. 内部资料. 北京. 2013.

5. 各省（直辖市、自治区）民办培训机构发展现状

伴随着我国民办培训机构管理的逐步规范和相关政策的完善，各省（直辖市、自治区）民办培训机构的发展规模趋于稳定，多数省份民办培训机构的数量逐渐减少，教师数量变化趋势各地存在一定差距。

（1）多数省份民办培训机构数减少。2010年，除天津、辽宁、江苏、重庆、新疆、广东、宁夏、贵州、内蒙古、黑龙江等地民办培训机构数比上一年有所增长外，多数省份均呈不同程度减少。其中，云南、安徽、广西等地减幅较大，均超过50%，分别为63.30%、60.20%、50.90%（见图1-42）。

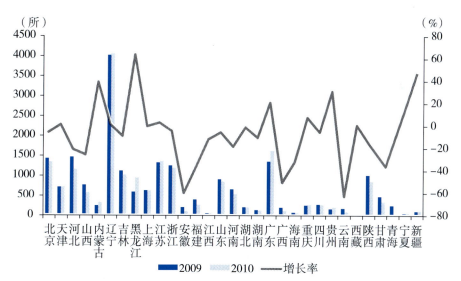

图1-42　2009—2010年各省（直辖市、自治区）民办培训机构数量（不计校数）

注：西藏无民办培训机构；2010年，缺青海省数据。
【数据来源】《中国教育年鉴》编辑部. 中国教育年鉴［M］. 2010、2011. 北京：人民教育出版社，2011、2012.

（2）各省（直辖市、自治区）民办培训机构教师数变化趋势不一致。2010年，各省（直辖市、自治区）民办培训机构的教职工数和专任教师数比上一年有增有减。其中，民办培训机构教职工数增幅最大的为福建省，比上一年增长56.50%，减幅最大的为广西，比上一年减少86.60%；而专任教师数增长最快的为广东省，比上一年增长46.00%，减少最为明显的为广西，比上一年减少88.50%。总体来说，多数省份民办培训机构教职工数的变化趋势与专任教师数基本保持一致，但天津、内蒙古、浙江、重庆等地尽管民办培训机构的教职工数比2009年有所增长，但专任教师数却呈减少趋势（见图1-43）。

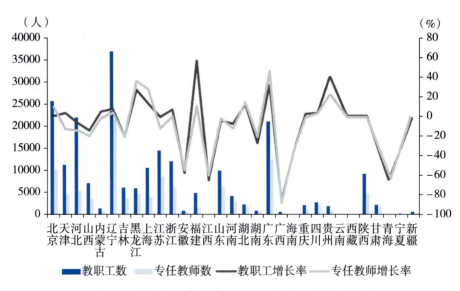

**图 1-43 2010 年各省（直辖市、自治区）民办培训机构
教职工和专任教师数及增长率**

注：西藏无民办培训机构；2010 年，缺云南和青海省数据。

【数据来源】《中国教育年鉴》编辑部. 中国教育年鉴［M］. 2010、2011. 北京：人民教育出版社，2011、2012.

（二）各省（直辖市、自治区）民办教育的新政策

1. 省级政府工作报告中关于民办教育的表述

党的十八届三中全会以及 2014 年政府工作报告均涉及深化教育领域改革的相关内容，省级政府根据国家的总体部署也纷纷制定了各地教育改革与发展的蓝图。通过 31 个省（直辖市、自治区）的政府工作报告发现，有 16 个省级政府工作报告明确涉及关于民办教育的内容，分别从不同方面提出有关对民办教育的扶持政策，其中有 9 个报告提出要大力发展或扶持民办教育的基本思想，其余 7 个报告则有针对性地提出具体侧重的扶持政策和领域（见表 1-2）。

表 1-2　16 个省级（直辖市、自治区）政府 2014 年工作报告中关于民办教育的表述

序号	地区	关于民办教育的表述
1	云南	要大力发展民办教育
2	新疆	要扶持民办教育
3	河北	鼓励社会力量兴办教育
4	江苏	
5	江西	
6	重庆	
7	陕西	鼓励、支持和引导、规范社会力量办学
8	山西	
9	上海	
10	海南	将推动民间资本进入基础设施、基础产业、金融服务和教育、文化、医疗卫生、养老、健康等领域，进一步激发民间投资活力，并鼓励社会力量兴办教育、创办高水平大学
11	内蒙古	鼓励民间资本参与教育、文化、医疗等社会事业发展
12	湖南	鼓励和引导民间资金进入教育领域，积极引进境内外优质教育资源
13	宁夏	将以政府购买服务的方式，鼓励社会力量兴办教育
14	河南	要落实好促进民办教育发展的政策，吸引社会资本投资教育事业
15	贵州	制定推动民办教育发展的改革措施
16	广东	要探索分类管理，促进民办教育规范特色发展

2. 地方政府对民办教育的扶持与管理政策

近年来，地方政府除了落实国家对民办教育的基本扶持政策外，还积极探索适合当地实际的相关扶持与管理政策，涉及的内容与领域各不相同。

（1）地方政府鼓励引导民间投资参与教育事业发展。为进一步落实国务院《关于鼓励和引导民间投资健康发展的若干意见》，地方省级政府也纷纷出台各地鼓励和引导民间投资发展的实施意见（见表 1-3）。总体来看，各地出台的政策措施以国家政策为基础，结合当地的经济社会现状和民间投资特点，对鼓励民间资本进入各相关领域做出了具体规定，其中基本都涉及关于鼓励民间资本参与发展教育的内容。同时，在税收减免、政府采购、土地支持、资金补助和相关支持政策等方面明确了量化指标或具有可操作性的措施①。

表1-3 各省（直辖市、自治区）鼓励和引导民间投资政策中关于教育的内容

地区	文件名称	关于教育的政策要点
北京	《北京市人民政府关于印发鼓励和引导民间投资健康发展实施意见的通知》（2011.2.17）	鼓励和引导民间资本进入教育和社会培训事业。保障学历教育的民办学校与公办学校享有同等的政策待遇。鼓励民间资本发展国际学校等各类高端教育服务。加快制定和完善促进民办教育发展的金融、产权和社保等政策，建立民办学校的退出机制
天津	《天津市人民政府关于鼓励和促进我市民间投资健康发展的实施意见》（2011.8.19）	鼓励和引导民间资本进入教育领域。民办学校用电、用水、用气、排污等公共服务价格与公办学校执行同一标准，并享有与公办学校同等的招生权和表彰奖励等政策待遇
河北	《河北省人民政府关于进一步鼓励和引导民间投资健康发展的实施意见》（2011.8.7）	制定和完善促进民办教育发展的金融、产权和社保等政策。落实对民办学校的人才、用地、税收和财政资助等鼓励政策，建立健全民办教育收费机制和民办学校退出机制。鼓励民间投资采取合资、合作等方式，与高等院校联合举办院系、专业及研究机构，参与公办高职、中职院校的股份制改造。继续引导支持民间资本投资高中教育、学前三年教育，以及高等教育和职业教育后勤服务设施的建设经营
辽宁	《辽宁省人民政府关于鼓励和引导民间投资健康发展的实施意见》（2011.12.5）	鼓励民间资本参与发展教育和社会培训事业。支持民间资本以独资、参股、控股、合作等多种形式兴办各类教育和社会培训机构，特别是到贫困地区和教育资源短缺地区办学。县级以上政府可采取出租或者转让闲置国有资产等措施对民办职业院校予以扶持。鼓励公办学校教师到民办学校任教。受政府委托承担义务教育任务的民办学校应按协议获得教育经费补助，民办高校和中等职业学校的学生资助政策和资助标准与公办学校平等对待。加快制定和完善促进民办教育发展的金融、产权和社保等政策。探索民办学校用非教学资产作抵押和学费收费权作质押向银行申请贷款。对于经省政府批准从事学历教育的全日制民办技工院校自用的房产和土地，免征房产税和城镇土地使用税

---

① 中央政府门户网站. 各地鼓励民间投资健康发展的步伐进一步加快 [EB/OL]. (2011-03
-17) [2014-03-17]. http://www.gov.cn/gzdt/2011-03/17/content_ 1826621.htm.

续表

地区	文件名称	关于教育的政策要点
上海	《上海市人民政府关于本市鼓励和引导民间投资健康发展的实施意见》（2011.12.8）	鼓励和引导民间资本参与发展教育事业。鼓励区县政府设立促进民办中小学发展的专项资金。区县政府可根据本行政区域实施义务教育的需要，与民办学校签订协议，委托其承担部分义务教育任务，可根据接受义务教育学生的数量和当地实施义务教育的公办学校的生均教育经费标准，向民办学校拨付相当的教育经费。各区县将民办中小学教师培训和师资队伍建设纳入本区（县）统筹实施规划。积极探索营利性和非营利性民办学校分类管理办法。加强对学前教育民间投资建设的引导和支持，鼓励和支持各类社会教育培训机构规范发展
江苏	《江苏省人民政府关于鼓励和引导民间投资健康发展的实施意见》（2010.10.20）	鼓励民间资本参与教育和社会培训事业发展。研究划分营利性与非营利性民办学校的办法，加强分类指导，落实有所区别的注册登记、政府支持等相关政策。落实民办技工学校和职业培训机构的公共财政资助政策，按规定拨付职业培训补贴。落实对民办学校的人才鼓励政策和公共财政资助政策，加快制定和完善促进民办教育发展的金融、产权、税收和社保等政策，研究建立民办学校的退出机制
浙江	《中共浙江省委办公厅浙江省人民政府办公厅关于鼓励和引导民间投资健康发展的实施意见》（2010.11.15）	鼓励民间资本兴办高等学校、中小学校、幼儿园、职业教育等各类教育和社会培训机构
福建	《福建省人民政府关于营造优良环境提供优质服务支持民营企业加快发展的若干意见》（2010.8.16）	暂无

续表

地区	文件名称	关于教育的政策要点
山东	《山东省人民政府关于鼓励和引导民间投资健康发展的实施意见》（2012.9.12）	鼓励民间资本参与教育事业发展。积极扶持民办幼儿园特别是面向大众、收费较低的普惠性幼儿园，引导民办中小学校办出特色，鼓励发展民办职业教育，积极支持有特色、高水平、高质量民办高校发展，鼓励和引导民间资本参与培训和继续教育领域。制定完善促进民办教育发展政策措施。完善民办学校办学许可制度。落实民办学校办学自主权；实施高等学历教育和中等职业学历教育的民办学校，按照国家课程标准和有关规定自主设置和调整专业。落实民办学校教师有关待遇。保障民办学校学生权益，与公办学校学生同等纳入国家助学体系，民办普惠性幼儿园与公办幼儿园在园儿童享受同等的资助政策。完善民办学校收费政策。鼓励民间资本发展高等教育事业。探索建立民办高校分类管理制度，界定区分民办高校营利性与非营利性的标准，逐步形成完善的非营利性与营利性民办高等教育分类管理体制
广东	《广东省人民政府关于进一步鼓励和引导民间投资的若干意见》（2011.2.24）	重点鼓励民间资本进入高等学校、中小学校、幼儿园、职业教育等各类教育和社会培训机构
	《广东省人民政府关于印发鼓励和引导民间投资健康发展实施细则的通知》（2012.8.27）	鼓励民间资本参与发展教育和社会培训事业。民办学校的设置参照同级同类公办学校的设置标准，幼儿园审批条件可适当放宽。社会组织或者公民个人以不动产用于办学，原有不动产过户到民办学校名下，且不属于买卖、赠予或者交换行为的，办理过户手续时只收取证照工本费。新建、扩建实施学历教育的非营利性民办学校，符合国家有关规定的可依法以划拨方式取得国有土地使用权，并享受与公办学校相同的规费减免政策优惠。对民办学校在师资培养、技能鉴定、政府购买服务等方面与公办学校同等对待。规范民办学校和职业培训机构招生、收费、教育培训等工作环节，对民办高校学费实行市场调节价并进行备案管理

续表

地区	文件名称	关于教育的政策要点
海南	《海南省人民政府关于鼓励和引导民间投资健康发展的实施意见》（2011.4.28）	鼓励民间资本参与发展教育和社会培训事业。支持民间资本以独资、合资、合作、联合等多种形式兴办高等学校、中小学校、幼儿园、职业教育等各类教育和社会培训机构。研究制定支持民办教育发展的办法和措施，全面落实对民办教育的土地供应、税费减免、财政资助、信贷支持和人才鼓励的各项政策措施。研究制定民办教育管理办法，探索营利性和非营利性民办教育分类管理模式，完善民办学校法人治理结构，健全民办学校财务会计制度和资产管理制度，建立民办学校风险防范机制
山西	《山西省人民政府关于鼓励和引导民间投资健康发展的实施意见》（2011.5.26）	引导民间资本参与发展教育和社会培训事业。进一步放宽民间资本出资办学条件，支持民间资本以独资、股份、合作等多种形式兴办高等学校、中小学校、幼儿园、职业教育等各类教育和社会培训机构。支持民间资本到贫困地区和教育资源短缺地区办学。落实对民办学校的财政资助政策，加大承担义务教育的经费补助力度。建立教师合理流动和人事代理制度，鼓励公办学校教师到民办学校任教。研究制定和完善促进民办教育发展的财政、金融、产权和社保等政策，探索建立民办学校退出机制
吉林	《吉林省人民政府关于鼓励和引导民间投资健康发展的实施意见》（2011.6.29）	积极引导民间投资以多种方式进入教育领域。将在民办学校接受学历教育的学生纳入国家助学体系，资助政策和资助标准与公办学校一视同仁。鼓励政府通过购买公共教育服务或委托管理等方式，交由民办学校承担有关教育和培训任务，并拨付相应的教育经费。县级以上政府可采取财政资助和出租、转让闲置的国有资产等措施对民办学校予以扶持。落实对民办学校人才鼓励政策，鼓励高校毕业生和具有相应教育资格的专业技术人员到民办学校任教，鼓励教师在公办和民办学校之间合理流动，工龄、教龄连续计算。公办学校教职工到民办学校任教任职，建立人事档案管理制度。建立民办学校教职工各项社会保险。落实税收优惠政策。落实学校建设用地优惠政策，将民办学校用地纳入城镇土地利用总体规划和年度用地计划

地区	文件名称	关于教育的政策要点
黑龙江	《黑龙江省人民政府办公厅关于鼓励和引导民间投资健康发展重点工作分工的通知》（2010.10.22）	鼓励民间资本参与发展教育和社会培训事业。支持民间资本兴办高等学校、中小学校、幼儿园、职业教育等各类教育和社会培训机构。落实对民办学校的人才鼓励政策和公共财政资助政策，加快制定和完善促进民办教育发展的金融、产权和社保等政策，研究建立民办学校的退出机制
安徽	《安徽省人民政府关于鼓励和引导民间投资健康发展的实施意见》（2010.9.14）	鼓励民间资本参与发展教育和社会培训事业。支持民间资本以独资、股份、合作等多种形式兴办高等教育、高中教育、幼儿园、职业教育等各类非义务教育和社会培训机构，特别是到贫困地区和教育资源短缺地区办学。县级以上人民政府可采取出租或转让闲置国有资产等措施对民办职业院校予以扶持。落实对民办学校的人才鼓励政策和公共财政资助政策。鼓励公办学校教师到民办学校任教，人事档案由当地人才交流中心托管，工龄可连续计算。受政府委托承担义务教育任务的民办学校应按协议获得教育经费补助，民办高校和中等职业学校的资助政策和资助标准与公办学校一视同仁。民办学校资产不改变用途的，过户免收资产过户税费，减免过户时的服务性收费。加快制定和完善促进民办教育发展的金融、产权和社保等政策。探索民办学校用非教学资产作抵押和学费收费权作质押向银行申请贷款
江西	《江西省人民政府关于鼓励和引导民间投资健康发展的实施意见》（2011.1.20）	鼓励和支持民间资本投资基础教育、高等教育、职业教育和职业技能培训等教育机构，鼓励具有品牌优势的民办教育和培训机构走集团化、规模化的发展道路

续表

地区	文件名称	关于教育的政策要点
河南	《河南省人民政府关于创新投融资机制鼓励引导社会投资的意见》（2011. 2. 25）	各级政府要把发展民办教育纳入国民经济和社会发展规划，通过购买服务、BOT、BT等模式鼓励社会资本投资兴办学前教育、基础教育、职业教育、高等教育以及建设培训、实训基地设施，特别是到贫困地区和教育资源短缺地区办学。民办学校在土地使用、水电配套、税收、招生等方面依法享受与公办学校相同的政策，教师在业务进修、职称评定、表彰奖励、科研立项等方面与公办学校教师同等对待，学生纳入同级同类公办学校学生资助体系。接受政府委托承担义务教育任务的民办学校，政府根据接受委托学生数量和当地同类公办学校生均经费水平拨付教育经费，并可根据学校申请为其选派一定数量的在编教师。在全省各级示范性学校建设中，重点扶持发展一批质量优良、特色鲜明、社会反响良好的优秀民办学校。探索民办学校用非教学资产作抵押和学费收费权作质押向银行申请贷款。鼓励企业、个人和社会组织为民办教育提供捐赠或设立专项奖励与发展资金
湖北	《湖北省人民政府关于进一步鼓励和引导民间投资健康发展的实施意见》（2011. 6. 6）	鼓励民间资本参与发展教育和社会培训事业。支持民间资本兴办高等学校、中小学校、幼儿园、职业教育等各类教育和社会培训机构。民办学校用电、用水、用气、排污、通信等公共服务价格，与公办学校执行同一标准。落实对民办学校的人才鼓励政策和公共财政资助政策。建立公办学校和民办学校教师合理流动制度和民办教师人事代理制度。受政府委托分担义务教育责任的民办学校，应纳入义务教育经费保障机制范围。民办学校享有与公办学校同等的招生权和职称评定、表彰奖励等方面的政策待遇。加快制定和完善促进民办教育发展的金融、用地、产权和社保等政策。民办学校可用教育教学设施以外的财产作抵押向银行申请贷款。符合国家有关规定的民办学校用于教学及科研业务的自用房产和土地免征房产税和城镇土地使用税。民办学校举办者以不动产为出资，因履行出资义务需要将有关不动产登记到民办学校名下，只缴纳证照工本费和登记费。建立和完善民办学校的准入和退出机制

地区	文件名称	关于教育的政策要点
湖南	《湖南省人民政府关于鼓励和促进民间投资健康发展的实施意见》（2010. 8. 27）	支持兴办高等学校、中小学校、幼儿园、职业教育等各类教育和社会培训机构
内蒙古	《内蒙古自治区人民政府关于鼓励和引导民间投资健康发展的实施意见》（2012. 7. 25）	支持民间资本以多种形式兴办各类教育和社会培训机构，重点鼓励民间资本深入边远地区、贫困地区和教育资源短缺地区兴办学校
广西	《广西壮族自治区人民政府关于印发进一步促进民营经济发展的若干措施的通知》（2010. 12. 19）	鼓励和支持民间资本举办教育机构。大力支持民间资本按照区域教育发展规划、教育机构设置规划和基本标准，以多种形式兴办各类教育特别是高等教育、高中教育和职业教育。实施中职学校基础能力建设和实习实训基地建设项目、高校质量工程、示范性高职院校建设及高职院校教育基础能力建设项目，民办学校与公办学校同等对待。按照补偿教育成本、优质优价的原则并考虑投资者合理回报等因素，制定民办学校学历教育受教育者的收费标准；非学历教育受教育者的收费标准，由学校按照成本、生源和承受能力等情况自主确定，报同级价格主管部门备案。减免民办学校资产过户费和服务性收费
重庆	《重庆市人民政府转发国务院关于鼓励和引导民间投资健康发展若干意见的通知》（2010. 9. 14）	鼓励民间资本参与发展教育和社会培训事业。支持民间资本兴办高等学校、中小学校、幼儿园、职业教育等各类教育和社会培训机构。落实对民办学校的人才鼓励政策和公共财政资助政策，加快制定和完善促进民办教育发展的金融、产权和社保等政策，研究建立民办学校的退出机制
四川	《四川省人民政府关于进一步鼓励和引导民间投资健康发展的实施意见》（2011. 2. 1）	鼓励民间资本参与发展教育和社会培训事业。民办学校用电、用水、用气、排污等公共服务价格与公办学校执行同一标准。鼓励捐资助学，民营企业自愿无偿向民办教育事业的捐赠支出，符合税法规定的，可依照规定比例在计算应纳税所得额中扣除。民办学校享有与公办学校同等的招生权和表彰奖励等方面的政策待遇。政府委托民办学校承担义务教育任务，应根据民办学校接受学生数量和学生人均教育经费标准拨付相应的教育经费。加快制定和完善促进民办教育发展的金融、土地、产权、税收和社保等政策。建立公办学校和民办学校教师合理流动制度和民办教师人事代理制度。建立民办学校的退出机制。教育、人力资源和社会保障、民政等有关部门要加强对民办学校的督导

续表

地区	文件名称	关于教育的政策要点
云南	《云南省人民政府关于鼓励和引导民间投资健康发展的通知》（2011）	落实支持民间资本进入教育领域的政策。采用投资补助、贷款贴息、以奖代补等方式，对民间投资的教育项目给予补助
陕西	《关于认真贯彻落实鼓励和引导民间投资健康发展若干意见实施细则的通知》（2012.6.27）	在教育领域，有关行业管理部门和市县政府要在年内推出一批支持民间投资参与建设的具体项目并对社会公布，在项目核准备案、税收优惠、贷款支持及建设用地等方面，给予民营企业与国有企业同等待遇，简化前置手续，提高效率，吸引民间资本采取独资、控股、参股或者BT、BOT等方式投资建设
甘肃	《甘肃省人民政府关于鼓励和引导民间投资健康发展的实施意见》（2011.5.9）	鼓励民间资本以多种形式兴办各类教育机构。大力支持民间资本按照区域教育发展规划、教育机构设置规划和基本标准，以多种形式兴办各类教育机构，特别是高等教育、职业教育、中小学教育、学前教育和社会培训机构。民办教育机构学历教育的学费、住宿费标准，要按照补偿成本并适当考虑投资合理回报等因素制定，公共财政应给予适当资助
青海	《青海省人民政府关于鼓励和引导民间投资健康发展的实施意见》（2012.12.30）	鼓励和引导民间资本进入社会事业领域。支持民间资本兴办幼儿园、中小学校、高等学校、培训机构、职业教育等各级各类教育和社会培训设施
新疆	《新疆维吾尔自治区人民政府关于鼓励和引导民间投资健康发展的实施意见》（2011.5.6）	鼓励和引导民间资本进入社会事业领域。支持民间资本兴办高等学校、中小学校、幼儿园、职业教育等各类教育和社会培训机构及公共实训基地
贵州	《中共贵州省委 贵州省人民政府关于进一步加快全省民营经济发展的意见》（2011.3.28）	鼓励民营经济参与教育事业发展。建立健全政府主导、行业指导、民营企业参与的民间投资办学机制。落实民间资本兴办各类教育和社会培训机构在办学用地、政策性贴息、资金奖补、教师保障、税收优惠等方面的扶持政策，民办培训机构在师资培养、技能鉴定、就业信息服务、政府购买培训成果等方面与国有职业培训机构同等待遇。民办学校教师在资格认定、职称评定、业务培训、教学活动、表彰奖励、申请科研项目和课题等方面享有与公办学校教师同等权利

续表

地区	文件名称	关于教育的政策要点
宁夏	《宁夏回族自治区党委人民政府关于加快发展非公有制经济的若干意见》（2013.1.10）	鼓励参与社会事业建设。支持进入教育领域，对达到国家办学标准的民办学校，给予与公办学校同等的办学补贴
西藏	《中共西藏自治区委员会西藏自治区人民政府关于推进非公有制经济跨越式发展的意见》（2011）	支持非公有制资本以独资、股份、合作形式依法兴办高等教育、职业（技术）教育、成人教育、学前教育等各类非义务教育和社会培训机构及其他教育机构。民间兴办的教育机构享有与国家教育机构平等的法律地位

（2）地方政府出台促进民办教育发展的专门政策。地方政策主要体现在以下几个方面。

①出台促进民办教育发展的综合政策。2011年8月1日，贵州省出台《关于促进民办教育大发展的意见》（黔府发〔2011〕25号），明确提出"十二五"期间促进民办教育大发展的目标任务，从资金投入和政策措施上，规定民办学校和公办学校享受多项同等待遇，落实教育用地、税收优惠等政策，通过建立健全收费机制、社会保障制度、公民办教师合理流动制度等方式，促进公民办教育的协调发展。

就民办教育发展而言，浙江省可谓走在了全国的前列，除了积极实施国家民办教育改革的试点外，还出台了相关促进民办教育发展的扶持政策。2013年9月9日，浙江省人民政府颁布《关于促进民办教育健康发展的意见》（浙政发〔2013〕47号），涉及民办学校的责任和权益、师生权益等方面的内容，并提出建立健全财政扶持制度、调整收费办法、规范土地使用权、建立产权流转制度、建立民办教育投融资体制等保障措施。

2013年7月15日，在广东省政府召开的全省民办教育工作会议上印发了《广东省人民政府办公厅转发省教育厅关于促进民办教育规范特色发展意见的通知》（粤府办〔2013〕27号），分别从探索分类管理机制、加大扶持力度、加强规范管理、促进特色发展等方面对民办教育发展提出意见，提出了23条具体内容，内容涉及法人登记、税收优惠、用地优惠、教师待遇、自主办学、资产过户、风险防范等方面。

②出台专项资金管理办法。《民办教育促进法》及其实施条例均提出，"县级以上人民政府可以根据本行政区域的具体情况，设立民办教育发展专项资金"，各地在其颁布的地方性民办教育法规中大多也涉及关于设立专项资金的内容。而关于专项资金的管理问题，湖南、云南、内蒙古、河南、浙江等地陆续出台民办教育发展专项资金的管理办法。

2011 年 3 月，湖南省教育厅印发《湖南省民办教育发展专项资金管理办法（试行）》，提出专项资金使用采取"以奖代补"方式，设立"优质民办教育资源建设奖励"、"规范民办学校建设奖励"、"民办教育发展突出贡献奖励"项目，支持办学思想端正、办学定位准确、办学行为规范、办学条件较好、办学水平较高的民办学校发展，奖励和表彰对民办教育发展与改革有突出贡献的集体。

从 2011 年 9 月 1 日起，开始实施《云南省民办教育发展专项资金项目管理暂行办法》，该办法规定了从项目立项、实施、验收过程的相关内容、程序和要求，为顺利推进、监督民办教育发展专项资金项目提供很好的参考依据。

2013 年 4 月，内蒙古自治区财政厅、教育厅颁布《关于修订〈内蒙古自治区民办教育发展专项资金管理暂行办法〉的通知》，提出专项资金随财政收入的增长而逐步增长，明确规定专项资金支持的对象、原则、申报条件等，要求对专项资金实行分账核算，做到专款专用。

2013 年 5 月，河南省教育厅印发《河南省民办教育发展专项资金使用管理暂行办法》，涉及使用原则、资助方式、使用范围、项目申报、项目受理、资金拨付、财务管理、项目管理、行政监督等内容。

为规范专项资金使用管理，浙江省财政厅于 2013 年 9 月专门出台《支持市县民办教育发展专项资金管理办法》，省财政设立"支持市县民办教育发展专项资金"，按照专项性一般转移支付管理，遵循市县为主、因素分配的原则。专项资金实行绩效管理，省财政将对市县民办教育发展情况进行综合评价，评估专项资金绩效。

③出台扶持民办高等教育发展的政策。为更好扶持民办高等教育的发

展，地方政府也在不断探索和尝试，出台了一系列扶持政策。2012 年 10 月，福建省人民政府出台《关于进一步支持和规范民办高等教育发展的若干意见》，分别针对落实民办高等教育扶持政策、扩大民办高校办学自主权、加强民办高校教师队伍建设、规范民办高校办学行为等方面提出二十五条扶持政策。其中值得关注的内容主要体现在以下几个方面。一是扩大民办高职院校生源，支持民办高职院校开展从中职学校完成二年级学业的学生中选拔部分学生进入高职学习和普通高中毕业生注册就读高职试点。二是鼓励民办高校扩大跨省招生规模，建立民办高校跨省招生计划补偿机制，综合考虑办学条件、跨省招生数量、报到率、就业率等因素，对承担教育部协作任务的民办高校，加大招生计划补偿力度。三是关于教师的扶持政策：建立健全民办高校教师人事代理服务制度；鼓励公办高校派遣干部、教师到民办高校挂职或任教；鼓励高校教师在公办和民办高校之间合理流动，其工龄、教龄、社会保险缴费年限等累计计算；民办高校要参照当地公办高校教职工现行工资标准制定教职工工资标准，要将教职工收入与学校学费收入、办学结余挂钩，并根据物价水平适时调整；将民办高校教师纳入省高校教师各类培养培训专项计划。四是推进民办高校分类管理。

2013 年 7 月，吉林省委、吉林省人民政府发布的《关于建设高等教育强省的意见》中专门提及大力支持民办高校发展的相关内容，涉及依法落实民办高校法人财产权、开展民办高校分类管理改革试点、把民办高校纳入"高等教育本科教学质量与教学改革工程"项目建设资助范围、建立"民办高校发展专项资金"、建立民办高校信息公开制度等重要举措。

为促进全省民办普通高等教育持续健康发展，2013 年 12 月，湖北省人民政府颁布《关于进一步促进民办普通高等教育发展的若干意见》，主要涵盖扩大办学自主权、完善扶持政策、保障办学权益、加强教师队伍建设、推进规范管理等五个方面十七条相关政策。

随着《教育规划纲要》的贯彻落实，在新一届国家政府深化改革思想的指导下，在坚持将混合所有制经济作为我国基本经济制度的背景下，民办教育的发展逐步推进，在我国社会主义教育事业中发挥的作用越发凸显。

从全国民办教育总体发展规模来看，2012 年，除民办培训机构、民办中等职业教育外，各级各类民办教育的总体规模无论是学校数还是在校生规模，均呈现继续增长趋势。虽然地方各省各级各类民办教育的规模仍存在一定的省际差距，但总的来说，地方民办教育规模的最新发展状况与全国状况基本一致，多数省份民办教育的规模变化存在以下几点共性：一是民办学前教育规模继续扩大；二是民办义务教育在校生规模稳定增长；三是民办中职在校生有所减少；四是民办高校招生及在校生规模逐渐扩大；五是民办培训机构数逐渐减少。

为促进民办教育的健康发展，我国不仅在国家层面上赋予民办教育新的战略定位和广阔的发展空间，陆续出台"二十二条"、政府购买服务指导意见等促进和扶持民办教育发展的新政策，同时除了积极实施国家整体推进的民办教育改革试点外，地方各省也在积极探索民办教育改革的经验和举措，分别针对民办教育发展和管理过程中的相关问题出台地方性扶持政策。

尽管如此，民办教育的改革推进以及民办学校的发展均尚处于不断实践和探索阶段，民办教育在现有政策环境下还存在法人和产权属性不清、民办学校及其师生难以享受与公办学校平等的地位和待遇、内部管理制度有待规范等问题、矛盾和制度性障碍。同时，由于我国关于营利性和非营利性民办学校分类管理的制度环境尚未健全，无论是在注册登记审批还是监督管理方面，都给相关管理部门带来很大困扰，也使民办学校身份尴尬，难以按规定享受国家优惠和扶持政策。因此，为努力破除制约民办教育发展的瓶颈和体制障碍，引导社会资金以多种方式进入教育领域，健全和完善分类管理是当前我国民办教育发展的重要突破口。

第二章

中国民办教育分类管理的制度环境

民办教育分类管理，即把现有的民办学校分为非营利性与营利性两类，针对不同类别的民办学校适用不同的管理方法。其中，非营利性民办学校包括捐资举办的学校、出资举办不要求取得合理回报的学校，以及出资举办要求取得合理回报的学校，按事业单位办学，并据此享受国家所提供的财政、税收等方面的优惠；营利性民办学校用企业的方式办学，按照企业规则进行监管，按公司法人来照常纳税。

如何进一步完善民办教育发展的制度环境，保障各类民办学校的合法权益，严格规范办学行为，大力支持发展非营利性学校，积极引导发展营利性学校，逐步形成完善的非营利性与营利性民办教育分类管理体制，成为民办教育下一个时期的重要任务。据此，《教育规划纲要》明确提出，"积极探索营利性和非营利性民办学校分类管理"。2010年10月，国务院办公厅印发《关于开展国家教育体制改革的通知》，确定在上海、浙江、广东深圳和吉林华桥外国语学院"探索营利性和非营利性民办学校分类管理办法"，利用试点带动民办教育改革布局的逐次展开，以此作为民办教育综合改革的突破口。客观分析民办教育分类管理的制度环境，指出实行民办教育分类管理的必要性，有助于明确民办学校的性质，落实政府资助政策，明晰民办学校的产权并解决民办学校招生、收费、教师待遇等问题，对于进一步探索符合中国国情的民办教育分类管理政策，建立科学的民办教育监督管理机制，具有重要的理论价值和实践意义。

一、民办教育管理状况

我国的民办教育已有较大的发展，但仍然处在发展与规范、提高与完善的探索发展期，存在着管理体制不完善、产权属性不明晰、治理结构不合理等问题。

（一）民办教育管理体制不完善

1. 民办教育内部管理制度不健全

教育系统内部对民办教育管理的职能较为分散。民办教育涵盖教育的各个领域、各个层次，涉及基础教育、高等教育、职业技术教育等诸多部门，也涉及国务院教育行政部门与地方政府教育部门，因而经常出现教育管理职能模糊、交叉、低效的问题，有关民办学校的管理，也因其类型和层次不同而由不同的教育部门管理。例如，关于设立民办高等学校的审批，《高等教育法》第二十九条规定："设立高等学校由国务院教育行政部门审批，其中设立实施专科教育的高等学校，经国务院授权，也可以由省、自治区、直辖市人民政府审批；设立其他高等教育机构，由国务院授权的有关部门或者省、自治区、直辖市人民政府审批。对不符合规定条件审批设立的高等学校和其他教育机构，国务院教育行政部门有权予以撤销。"2000年1月14日，国务院办公厅发布《关于国务院授权省、自治区、直辖市人民政府审批设立高等职业学校有关问题的通知》，授权省、自治区、直辖市人民政府审批高等职业学校的设立并报国务院教育行政部门备案，但师范、医药类高等职业学校仍由国务院教育行政部门审批。由此可见，从教育内部看，民办教育管理的职能较为分散。

教育系统内部对民办教育管理的体系仍不完善。就教育行政内部而言，由于民办教育尚未形成一套系统而完整的管理体系，使得民办教育管理存在治理机构不健全、执行机构力量薄弱、教育质量评估机构缺失等问题①。从教育内部的民办教育管理机构看，教育部在发展规划司设民办教育管理处，部分省市的教育行政部门或设有专门的民办教育管理处，或明确民办教育归口管理部门设立民办教育管理办公室挂靠在其他职能部门。具体到市级、区级、县级教育行政部门，则较少设立专门的管理机构、专职人员和专项经费。由于民办教育管理机构的不健全，导致无法对民办教育做出分层次、分类别的系统管理，出现了对民办学校监管不到位和越位管理等问题。

教育系统内部对民办教育管理的效能不高。部分地方教育部门对于民办教育重审批，轻管理，造成把关不严，一些民办学校在招生、管理、教学等方面存在着不规范的现象。在招生过程中，有的民办高校未经批准备案擅自发布虚假招生信息和广告，有的擅自招生争抢生源。在学校日常运行方面，部分无校舍、无师资、无设备、无资金、无生源的学校混迹于民办学校行列。在财务管理方面，民办学校乱收费、高收费、挪用办学经费投资其他产业、侵吞办学经费以及损害学校合法权益的事情时有发生，甚至出现擅自集资、拖欠教师工资等管理混乱问题。这些都反映出民办教育内部管理制度亟须健全。

2. 民办教育的外部管理制度不协调

民办教育自 20 世纪 80 年代后取得长足发展，在整个教育体系中的地位及所占比例也不断上升，社会影响力也逐渐提高。但政府相关部门对其问题的关注程度与民办教育的实际发展水平仍不适应，相关部门的管理水平也相对偏低。

目前，国家对民办学校的审批主要由教育部门、劳动与社会保障部门实施管理，同时土地、工商、税务、规划、财政、物价、民政等部门也按照各自的职权参与管理。由于职责不清，责任不明，对民办学校的管理工作出现管理缺位、错位的情况屡屡发生，管理过程中越位、错位、缺位现

---

① 刘晓明，王金明. 分类管理：我国民办教育综合改革的突破口［J］. 浙江师范大学学报：社会科学版，2012（5）：112.

象频发，强调规范、监督、控制的政策多，提供保障、支持、服务的政策少。其他各级各类行政部门在处理涉及民办教育管理的问题时，大多从本部门的既有规章出发进行处理，较少考虑如何服务于民办学校，民办学校的合法权益常常被忽视，民办教育的外部管理制度亟须协调。

在实践中，由于各部门之间缺乏统一的协调机制，工作之间沟通不够，配合不够，遇到问题很难及时处理。政府部门与部门之间缺乏协调与沟通，争夺办学审批权、管理权的现象时有发生，造成民办教育多个部门都可以批，谁都可以管又谁都不管的尴尬局面。例如，关于设立技工学校应由哪个部门审批这一问题，依照《民办教育促进法》第十一条的规定，技工学校是学历教育的组成部分，实施学历教育的民办技工学校应当由教育行政部门审批。但在具体实践中，劳动部门则一直负责技工学校的设立审批工作。该条规定："举办实施学历教育、学前教育、自学考试助学及其他文化教育的民办学校，由县级以上人民政府教育行政部门按照国家规定的权限审批；举办实施以职业技能为主的职业资格培训、职业技能培训的民办学校，由县级以上人民政府劳动和社会保障行政部门按照国家规定的权限审批，并抄同级教育行政部门备案"。在 2004 年 6 月 29 日国务院发布的《国务院对确需保留的行政审批项目设定行政许可的决定》中，则保留了劳动和社会保障部门对设立技工学校的审批权限。

（二）民办学校产权属性不明晰

1. 法人属性不明确

我国的《民法通则》将法人分为企业法人和非企业法人。其中，非企业法人分为机关法人、事业单位法人和社会团体法人，而民办学校被定性为"民办非企业单位"，既不属于事业单位，也不属于企业单位。而在《民办非企业单位登记管理暂行条例》第二条规定，"本条例所称民办非企业单位，是指企业事业单位、社会团体和其他社会力量以及公民个人利用非国有资产举办的，从事非营利性社会服务活动的社会组织"，民办学校这一民办非企业单位的法人属性缺乏明确表述，造成了民办学校与公办学校政策待遇的不平等。

虽然《民办教育促进法》规定民办学校与公办学校具有同等的法律地位，但由于法人定位不清，民办学校教师按企业办法参加社会保险，在资格认定、职称评审、进修培训、课题申请、评先选优、国际交流以及社会保障等方面难以享受与公办学校教师同等待遇。由于待遇低，权益难保障，民办学校引进优质师资难度巨大，这成为民办学校教师队伍不稳定的主要原因。

2. 产权制度不明晰

民办学校的法人财产权是法律赋予民办学校对其资产享有的占有、使用、收益以及有条件处置的权利。《民办教育促进法》第三十五条规定，"民办学校对举办者投入民办学校的资产、国有资产、受赠的财产以及办学积累，享有法人财产权"，第三十六条规定，"民办学校存续期间，所有资产由民办学校依法管理和使用，任何组织和个人不得侵占"。由于民办学校法人财产权包含了举办者投入民办学校的资产、国有资产、受赠的财产以及办学积累等四个部分，所以，除了民办学校的举办者外，国有资产管理者、捐赠财产管理部门以及教育公益性财产的管理机构，可依法成为学校财产的共有权利人。从以上可知，在民办学校存续期间，民办学校的财产属于共有性质。

对于民办学校终止后的归属问题，《民办教育促进法》第五十九条第二款规定，"民办学校清偿上述债务后的剩余财产，按照有关法律、行政法规的规定处理"。2004 年 4 月 1 日执行的《民办教育促进法实施条例》，并未明确举办者在学校终止时可以取回自己的出资，回避了对举办者投入部分产权及民办学校终止时清偿债务后剩余财产的分配问题。法律制度的模糊使得出资人投入资产的最终归属不明确，导致社会各界对民办学校财产的所有权很难达成共识，民办学校"非企业法人"的定位更加剧了社会各界对财产所有权分配的争议，造成了举办者、出资者利用对学校的控制获得利益回报和权利保障的现象。例如，因为产权制度不清晰、不规范，部分学校利用银行贷款办学，在偿还贷款时，出资方为了尽快收回资金超出自身办学条件盲目扩大规模甚至违规招生。此外，部分民办学校的出资人将企业资金与办学资金混合，将学校资金作为抵押担保，更有甚者将贷款作为个人投入，或将办学积累转移到出资者名下，致使学校法人财产为零等①。

（三）民办学校治理结构不合理

《民办教育促进法》第十九条规定，"民办学校应当设立学校理事会、董事会或者其他形式的决策机构"。在现实中，部分民办学校董事会组成形式不够合理，运行程序不规范，法人治理机制不健全，学校党委会、院委会、工会、教代会、监事会等组织作用发挥不充分，阻碍了学校的健康发展。

1. 法人治理结构不完善

法人治理结构是民办学校作为独立的法人实体，在举办者、决策者、管理者和教职工等权益相关者之间建立的关于学校运行与权利配置的一种机制或组织结构②。《民办教育促进法》对于法人治理结构提出了一定的具体要求，但这些规定过于原则，缺乏操作性细化规定，在实际工作中难以落到实处。

2. 校长和董事会权责不清晰

校长与董事会应职责分明，各司其职。董事会有最高决策权，校长在董事会的决策下工作，具体负责学校的日常教育和教学管理，拥有最高行政管理权。但现实中，部分民办学校董事会经常干预学校具体事务和日常行政事务，导致校长难以独立行使职权，在部分民办学校甚至企校不分、校董合一，有的学校教育投资公司董事长、学校董事长和校长三职由同一人担任，有的高校党委书记也由其担任③。

3. 董事会组成不合理

《民办教育促进法》第二十条规定："学校理事会或者董事会由举办者或者其代表、校长、教职工代表等人员组成。其中三分之一以上的理事或

---

① 刘晓明，王金明. 分类管理：我国民办教育综合改革的突破口［J］. 浙江师范大学学报：社会科学版，2012（5）：112.

② 韩民. 民办学校法人治理结构如何完善［N］. 中国教育报，2004-07-18（3）.

③ 周国平，谢作栩. 我国民办高校倒闭问题之思考［J］. 高等教育研究，2006（5）：50.

者董事应当具有五年以上教育教学经验。"但该规定的"或者"一词只代表了可能性，缺乏一定的法律强制效力。在现实中，相当多的民办学校没有董事会或董事会的组成不符合法定要求，有董事长无董事，部分董事会运行程序不规范，随意性大，形同虚设，无法履行董事会的各项职权，决策机构未能真正落实。

此外，部分董事会由投资者构成，董事和管理人员高度重合，与出资人有亲缘关系的董事较多，"家族式管理"仍大量存在，教职工代表出任董事的较少或没有，出资方的董事很容易利用优势地位控制学校决策，影响了学校事务决策的民主化和科学化。

4. 内外监督不充分

一方面，外部对民办教育的监督不足，无法对民办学校的规范管理和健康发展给予及时的指导。在实际监管工作中，基层管理部门对营利性民办教育机构管理只能套用《公司法》、《无照经营取缔办法》、《广告法》等通用性法律法规进行监督[1]。但这些规定过于粗略、不够具体明确，容易出现多头监管和"踢皮球"的现象。在实际经营过程中，部分民办教育机构以"非营利性"审批登记，而实际经营过程中以营利为主要目的，民政部门职能监管不够到位，工商部门又未参与监管，出现监管"空白"地带。同时，在市场经营中，通过教育部门审批但未在监管部门登记和既未通过教育部门审批也未在监管部门登记的现象也层出不穷，管理部门间相互推诿，或者多部门均对民办教育执行监管权，导致了重复处罚现象发生。

另一方面民办教育的内部监督缺失，决策机构和执行机构的行为缺少必要约束。由于现行法律只对民办学校决策机构（董事会）和执行机构（校长）的设置做了明文规定，而对于权力机构和监督机构的设置未做具体规定，学校党委会、院委会、工会、教代会、监事会等组织作用发挥不充分。因此，很多民办学校的法人治理结构没有形成完善的权力制衡机

---

① 邵晶晶，杨建新．对经营性民办培训机构加强监管的思考［N］．江苏经济报，2012-08-09（B08）．

制。由于缺少日常监督，部分民办学校的举办者以其企业或者集团的权力机构代替学校的管理或决策机构，逾越权限干预学校的内部管理和教育教学活动，举办者抽逃、占有、使用、处置或者以其他方式挪用其投入学校的资产也时有发生，甚至出现了部门民办学校财产和收益由与其所依托的企业统一管理的现象。

综上来看，目前民办教育中所存在的很多问题都与分类不清有关，需要从制度层面进行有针对性的设计。而现实中，民办教育的现行法律法规和相关配套政策都是基于教育的非营利性进行设计的，由于理论探究和实践摸索不足，尚未在国家层面建立起对营利性和非营利性民办学校进行分类管理的制度，管理政策方面对于营利性与非营利性不分已经成为制约民办教育发展的瓶颈，民办学校长期处于营利性与非营利性、企业与非企业、公益与非公益界限不明的困境，在实践中鼓励和规范民办教育发展的政策也产生了诸多矛盾。解决这些问题的一条重要途径，就是必须为民办学校区分为营利性和非营利性创造宽松的政策环境，进一步完善分类管理的制度环境。

二、民办教育分类管理的政策环境

在现有的涉及分类管理的法律法规文件中，依法律渊源的不同可以将民办教育分类管理的相关政策划分为宪法、法律、行政法规和行政规章等不同的类别。

（一）现行法律法规为分类管理提供了法理依据

1. 《宪法》为分类管理提供了法律保障

1982年12月4日发布并于2004年3月14日第十届全国人民代表大会第二次会议修正通过的《宪法》第一章第十九条规定，"国家鼓励集体经济组织、国家企业事业组织和其他社会力量依照法律规定举办各种教育事业"，第一章第十一条规定，"国家保护个体经济、私营经济等非公有制经济的合法的权利和利益。国家鼓励、支持和引导非公有制经济的发展，并对非公有制经济依法实行监督和管理"。

可见，根据《宪法》对于非公有制经济的上述规定，保护营利性民办教育的合法权利和利益，鼓励、支持和引导营利性民办教育的发展，并对营利性民办教育依法实行监督和管理是符合《宪法》的精神的，这为分类管理提供了法律保障。

2. 其他法律为分类管理提供了法理依据

（1）2009 年 8 月 27 日第十一届全国人民代表大会常务委员会第十次会议修正通过的《民法通则》指出："财产所有权是指所有人依法对自己的财产享有占有、使用、收益和处分的权利。"

（2）2007 年 3 月 16 日第十届全国人民代表大会第五次会议通过的《物权法》第一章第四条规定："国家、集体、私人的物权和其他权利人的物权受法律保护，任何单位和个人不得侵犯。"第五章第六十八条规定："企业法人对其不动产和动产依照法律、行政法规以及章程享有占有、使用、收益和处分的权利。企业法人以外的法人，对其不动产和动产的权利，适用有关法律、行政法规以及章程的规定。"

（3）2009 年 8 月 27 日发布的《民法通则》指出："财产所有权是指所有人依法对自己的财产享有占有、使用、收益和处分的权利。"

上述法律或释义架构起了我国民办教育的政策法规体系，在制度上保障了关于财产权规定的要求，为分类管理提供了法理依据。

3. 教育相关法律法规政策为分类管理提供了政策指导

（1）2002 年 12 月 28 日颁布并于 2003 年 4 月 1 日起实施的《民办教育促进法》触及了民办教育的公益性和营利性之间的冲突问题。该法在明确民办教育属于公益性事业的同时规定，民办学校在扣除办学成本、预留发展基金以及按照国家有关规定提取其他的必需费用后，出资人可以从办学的结余中取得合理回报。

（2）2004 年 2 月 25 日国务院第 41 次常务会议通过 3 月 5 日公布并自 2004 年 4 月 1 日起施行《民办教育促进法实施条例》第四十四条进一步规定，出资人根据民办学校章程的规定要求取得合理回报的，可以在每个会计年度结束时，从民办学校的办学结余中按一定比例取得回报。

（3）2010年7月29日正式发布的《教育规划纲要》提出，要积极探索营利性和非营利性民办学校分类管理，开展对营利性和非营利性民办学校分类管理试点。可以说，开展分类管理是民办教育综合改革的突破口。

（4）2012年6月18日教育部发布的《关于鼓励和引导民间资金进入教育领域促进民办教育健康发展的实施意见》提出，要"满足人民群众多层次、多样化的教育需求，探索完善民办学校分类管理的制度、机制"。

上述教育法律法规政策从国家层面到教育部门均对民办教育的发展出台了系统的规定，对民办教育实施分类管理也具备了充足的法理依据与基础（见表2-1）。

表2-1　民办教育分类管理的法理依据

事项	法律法规名称	发布时间	条款规定
法人财产权	《宪法》	2004年3月14日	第十九条规定："国家鼓励集体经济组织、国家企业事业组织和其他社会力量依照法律规定举办各种教育事业。"第一章第十一条规定："国家保护个体经济、私营经济等非公有制经济的合法的权利和利益。国家鼓励、支持和引导非公有制经济的发展，并对非公有制经济依法实行监督和管理。"
	《民法通则》	2009年8月27日	"财产所有权是指所有人依法对自己的财产享有占有、使用、收益和处分的权利。"
	《物权法》	2007年3月16日	第一章第四条规定："国家、集体、私人的物权和其他权利人的物权受法律保护，任何单位和个人不得侵犯。"第五章第六十八条规定："企业法人对其不动产和动产依照法律、行政法规以及章程享有占有、使用、收益和处分的权利。企业法人以外的法人，对其不动产和动产的权利，适用有关法律、行政法规以及章程的规定。"

续表

事项	法律法规名称	发布时间	条款规定
合理回报	《民办教育促进法》	2002年12月28日	民办学校在扣除办学成本、预留发展基金以及按照国家有关规定提取其他的必需费用后，出资人可以从办学的结余中取得合理回报
	《民办教育促进法实施条例》	2004年4月1日	出资人根据民办学校章程的规定要求取得合理回报的，可以在每个会计年度结束时，从民办学校的办学结余中按一定比例取得回报
探索分类管理	《教育规划纲要》	2010年7月29日	积极探索营利性和非营利性民办学校分类管理，开展对营利性和非营利性民办学校分类管理试点
	《关于鼓励和引导民间资金进入教育领域促进民办教育健康发展的实施意见》	2012年6月18日	"满足人民群众多层次、多样化的教育需求，探索完善民办学校分类管理的制度、机制。"

（二）民办教育分类管理的法律法规不协调

1. 现行法规关于"营利性和非营利性"的规定不统一

我国的民办教育是在教育资源较为匮乏的情况下，通过发展私营经济逐步发展起来的，相关现行的法律法规和配套政策均是按照教育的非营利性进行设计的。20 世纪 90 年代至今公布的各项法律，比如《教育法》、《民办教育促进法》以及国务院颁布的实施条例，都规定了民办学校的"非营利性质"。1986 年 4 月 12 日发布，1995 年 3 月 18 日修正的《教育法》第二十五条第二款规定，"任何组织和个人不得以营利为目的举办学校及其他教育机构"。而 2002 年 12 月 28 日发布的《民办教育促进法》第三条规定，"民办教育事业属于公益性事业，是社会主义教育事业的组成部分"，第五条规定"民办学校与公办学校具有同等的法律地位，国家保障民办学校的办学自主权"，此外，该法允许出资者在办学结余中取得合理回报，并将此列为"奖励"而非"营利"，将民办学校定位于非营利性组织范畴。从民办学校目前实行的法人登记程序来看，1998 年 10 月 25 日发布的《民办非企业单位登记管理暂行条例》第二条规定，"本条例所称民办非企业单位，是指企业事业单位、社会团体和其他社会力量以及公民个人利用非国有资产举办的，从事非营利性社会服务活动的社会组织"，第四条规定"民办非企业单位不得从事营利性经营活动"。上述法规条文均体现了对民办教育非营利性的政策设计初衷。

与此对应，相关法规对于营利性民办学校并未绝对排斥。1982 年 12 月 4 日发布并于 2004 年 3 月 14 日修正的《宪法》第十九条规定："国家鼓励集体经济组织、国家企业事业组织和其他社会力量依照法律规定举办各种教育事业"，允许社会力量依照法律规定举办各种教育事业。之后，国家陆续出台文件，鼓励社会力量办学。1985 年 5 月 27 日中共中央颁发的《关于教育体制改革的决定》指出："要充分调动企事业单位和业务部门的积极性，并且鼓励集体、个人和其他社会力量办学。" 1992 年 10 月召开的党的第十四次全国代表大会提出了"鼓励多渠道、多形式社会集资办学和民间办学，改变国家包办教育的做法"。1999 年 6 月 13 日，中共中央国务院颁发的《关于深化教育改革全面推进素质教育的决定》中再次强调，要"积极鼓励和支持社会力量以多种形式办学，……凡符合国家有关法律法规的办学形式，均可大胆试验"。

2002 年 12 月 28 日颁布的《民办教育促进法》第五十一条规定，"民办学校在扣除办学成本、预留发展基金以及按照国家有关规定提取其他的必需的费用后，出资人可以从办学结余中取得合理回报"。其"合理回报"的规定，在一定意义上暗含了对营利性民办学校的认可。

2010 年颁布的《教育规划纲要》第四十四条规定，"积极探索营利性和非营利性民办学校分类"，并在第六十七条提出"开展对营利性和非营利性民办学校分类管理试点"。至此，国家明确提出了允许营利性民办学校的发展。

因此，推进分类管理，面临着上述法律法规对于"营利性和非营利性"的认识尚不统一的问题，需要对相关法律法规进行及时修订。

2. 现行法规对民办教育主体产权的界定不明晰

2002 年 12 月 28 日发布的《民办教育促进法》第三十五条规定，"民办学校对举办者投入民办学校的资产、国有资产、受赠的财产以及办学积累，享有法人财产权"。第三十六条规定，"民办学校存续期间，所有资产由民办学校依法管理和使用，任何组织和个人不得侵占"，第五十九条规定，民办学校终止并进行财产清算时，在清偿"应退受教育者学费、杂费和其他费用"、"应发教职工的工资及应缴纳的社会保险费用"、"偿还其他债务"后，"剩余财产，按有关法律、行政法规的规定处理"。该法律未明确规定返还出资人的投入，也未明确规定清算后"剩余财产"的归属，对出资人投入资产的最终归属没有明确的规定。

而 2004 年 8 月 18 日公布并于 2005 年 5 月 1 日实施的《民间非营利组织会计制度》规定，资源提供者不享有该组织的所有权。这意味着在学校存续期间，民办学校的办学人不能拥有学校的财产所有权。

现行法规对民办教育主体产权的界定的不明晰导致目前社会各界对民办学校财产的所有权很难形成明确的认识，而民办学校非企业法人的定位则加剧了社会各界对财产所有权分配的争论。

3. 现行法规对民办教育优惠的规定不配套

各地对民办教育优惠的规定主要体现为在土地、税收、融资方面享受一定优惠待遇，但就目前来看，现行的优惠政策主要是营业税的减免，税收优惠相对有限。税务部门只要在对学校财务报表的具体核算中发现盈余，就按营利性组织的税收征管办法对民办学校征收所得税。

1999 年 6 月 28 日发布的《公益事业捐赠法》规定，"捐赠个人可以享有个人所得税优惠，企业可以享有企业所得税优惠，境外捐赠可以减征甚至免征进口税和增值税"。但这只是在原则上做出了规定，内容也不详尽，优惠力度与国外差距很大，社会各界的捐赠热情并不高。

2001 年 10 月 18 日国土资源部第九次部务会议通过并于 10 月 22 日发布并实施的《划拨用地目录》中，对于土地的划拨明确是针对非营利性教育设施用地；2009 年 11 月 11 日发布并于 2014 年 1 月 29 日重新发布的财政部、国家税务总局《关于非营利组织免税资格认定管理有关问题的通知》中，相关免税资格认定管理规定也是明确针对非营利性组织的。

2002 年 12 月 28 日发布的《民办教育促进法》规定，"县级以上各级人民政府可以设立专项资金，资助民办学校发展"，也可以经费资助的方式扶持民办学校。然而目前我国政府对民办学校的扶持政策并没有落到实处，一些地方政府在对公办学校施行财政政策优惠的同时，对民办学校却征收名目繁多的税费。由于国家政策不明确，对要求取得合理回报的学校按什么标准收税、征收哪些税种、其优惠政策体现在哪些方面等，存在着较大的理解差异，导致民办学校的税收工作在具体的操作层面比较混乱。

此外，从事学历教育的民办学校成为必须缴纳企业所得税的对象，与《民办教育促进法实施条例》、《关于非营利组织企业所得税免税收入问题的通知》的要求不符。《民办教育促进法实施条例》第三十八条规定，"捐资举办的民办学校和出资人不要求取得合理回报的民办学校，依法享受与公办学校同等的税收及其他优惠政策"。2009 年 12 月 28 日财政部、国家税务总局发布的《关于非营利组织企业所得税免税收入问题的通知》规定，对经认定符合非营利性组织免税资格的免税收入，免征企业所得税。但 2004 年 2 月 5 日财政部、国家税务总局发布的《关于教育税收政策的通知》（财税〔2004〕39 号）规定，"对学校经批准收取并纳入财政预算管理的或财政预算外资金专户管理的收费不征收企业所得税"，学校经费中纳入财政预算管理的或财政预算外资金专户管理的收费不征收企业所得税。但民办学校的办学并未利用国家财政性经费，其收入并不可能纳入预算内和预算外的资金专户管理。所以，从事学历教育的民办学校成为必须缴纳企业所得税的对象，公办学校免征营业税和所得税，而民办学校无论是否要求取得合理回报则不在免税范围。《关于教育税收政策的通知》这一规定显然与《民办教育促进法实施条例》第三十八条的规定相抵触，民办学校的税收优惠并未落到实处 。

4. 现行法规对民办教育法人治理结构的设计不完善

民办学校是依据《民办教育促进法》、《民办教育促进法实施条例》和《民办非企业法人单位登记管理条例》的规定设立的民办非企业法人单位，其规范和治理应当以上述法律规定以及《章程》、协议为依据。但实际运行中，由于我国《民办教育促进法》规定民办学校的举办者可以取得合理回报，这种规定间接促使相当一部分民办学校的法人治理只是停留在书面形式上，离《民办教育促进法》及《民办教育促进法实施条例》的要求还有相当大的距离。部分民办学校理（董）事长、校长之间权力的"越位"和"缺位"问题比较突出，有些学校未设立理（董）事会，沿用"家族式"、"家长式"管理的模式，理（董）事与学校举办和管理人员高度重合，与出资人有亲缘关系的（理）董事较多，其他利益相关者的角色缺位，并排斥外来人员加入学校董事会，这些都进一步增加了构建和完善民办学校法人治理结构的难度。

表2-2　民办教育分类管理的法理冲突

冲突规定	法律法规名称	发布时间	条款规定
对民办学校的定位不清	《民办非企业单位登记管理暂行条例》	1998年10月25日	将现行的民办学校归属为"民办非企业法人"
	《民法通则》	1986年4月12日	没有"民办非企业法人"这一形式
营利性与非营利性认识不统一	《教育法》	1986年4月12日发布，1995年3月18日修正	第二十五条第二款规定，"任何组织和个人不得以营利为目的举办学校及其他教育机构"
	《民办教育促进法》	2002年12月28日	第三条规定，"民办教育事业属于公益性事业"
	《宪法》	1982年12月4日发布并于2004年3月14日修正	第十九条规定，"国家鼓励集体经济组织、国家企业事业组织和其他社会力量依照法律规定举办各种教育事业"
	《关于深化教育改革全面推进素质教育的决定》	1999年6月13日	"积极鼓励和支持社会力量以多种形式办学，……凡符合国家有关法律法规的办学形式，均可大胆试验"
	《民办教育促进法》	2002年12月28日	第五十一条规定，"出资人可以从办学结余中取得合理回报"

续表

冲突规定	法律法规名称	发布时间	条款规定
民办教育主体产权的界定不明晰	《物权法》	2007 年 3 月 16 日	第一章第四条规定："国家、集体、私人的物权和其他权利人的物权受法律保护，任何单位和个人不得侵犯。"第五章第六十八条规定："企业法人对其不动产和动产依照法律、行政法规以及章程享有占有、使用、收益和处分的权利。企业法人以外的法人，对其不动产和动产的权利，适用有关法律、行政法规以及章程的规定。"
	《民间非营利组织会计制度》	2005 年 5 月 1 日	资源提供者不享有该组织的所有权
	《民办教育促进法》	2002 年 12 月 28 日	对非营利性的民办学校。学校终止后的剩余财产未明确归属，对出资人和投资人资产最终归属未明确规定
优惠政策不配套	《公益事业捐赠法》	1999 年 6 月 28 日	第二十四至第二十七条：捐赠个人可以享有个人所得税优惠，企业可以享有企业所得税优惠，境外捐赠可以减征甚至免征进口税和增值税
	国土资源部第 9 号令《划拨用地目录》	2001 年 10 月 22 日	对于土地的划拨明确是针对非营利性教育设施用地
	财政部、国家税务总局的《关于非营利组织免税资格认定管理有关问题的通知》	2009 年 11 月 11 日发布并于 2014 年 1 月 29 日重新发布	相关免税资格管理政策明确针对非营利性组织
	财政部、国家税务总局《关于教育税收政策的通知》	2004 年 2 月 5 日	"对学校经批准收取并纳入财政预算管理的或财政预算外资金专户管理的收费不征收企业所得税"

续表

冲突规定	法律法规名称	发布时间	条款规定
优惠政策 不配套	《民办教育促进法实施条例》	2004 年 4 月 1 日	第三十八条规定，"捐资举办的民办学校和出资人不要求取得合理回报的民办学校，依法享受与公办学校同等的税收及其他优惠政策"
	《关于非营利组织企业所得税免税收入问题的通知》	2009 年 12 月 28 日	对经认定符合非营利组织免税资格的免税收入，免征企业所得税

三、民办教育分类管理改革应具备的制度保障

针对上述分析，在遵循营利性与非营利性学校分类基础上，需要正确厘清实施分类管理的先决条件，缜密设计推进分类管理的配套制度，通过修改或调整现行有关法规、制定两类民办教育机构的顶层制度，以逐步探索建立具有中国特色、符合基本国情的分类管理改革的保障制度。

（一）正确厘清实施分类管理的先决条件

1. 确定营利性和非营利性的分类标准

从字面意思理解，"营"为谋求之意，"营利性"即为以谋求利润为目的。其差别主要体现在设立的目的、管理的角度和运行的方式等方面。在《企业所得税法实施条例》第八十四条，《非营利组织会计制度》，财政部、国家税务总局《关于民间非营利组织免税资格认定管理有关问题的通知》中，对非营利性组织的认定都有明确的标准。据此，可以将财产归属、办学目的、利润分配等方面作为甄别判定营利性和非营利性民办教育的标准。

2. 合理界定非营利性民办学校

根据举办者对财产归属、办学目的、利润分配等，在《民办教育促进法》框架下，对营利性民办学校和非营利性民办学校可以界定如下。

非营利性学校举办者不取得办学收益，学校的办学结余继续投入教育，其形成的资产为学校法人所有，依法登记为事业单位法人或民办非企业单位（法人）的学校；营利性学校举办者取得办学收益，学校的办学结余依据国家有关规定进行分配、形成的资产为举办者所有，自主经营、自负盈亏，依法登记为企业法人的学校。

3. 在充分试点的基础上逐步推进分类管理

分类管理是为了便于管理和发展民办教育的部分突出问题而提出的一种解决思路。中国民办教育面临的诸多困境和制约，单单依赖于分类管理并不能解决民办教育的所有问题。由于缺乏足够的理论探索与实践经验，社会各界对此也存在较大的意见分歧，《教育规划纲要》中，中央政府对此非常慎重地提出要"积极探索营利性和非营利性民办学校分类管理"。在缺少相应的法律依据和系统配套的政策设计的情况下，民办教育分类管理尚需要在局部地区继续试点探索，而不宜全面推进。

（二）缜密设计推进分类管理的配套制度

实行分类管理，需要修改、补充、完善民办教育政策法规，将营利性和非营利性的民办学校的管理条文写进法律，架构起完善的民办教育的政策法规体系。

1. 取消相关法律法规中关于民办教育不得从事营利性经营活动的内容

取消《教育法》中关于民办教育不得从事营利性经营活动的内容。《教育法》中原表述"任何组织和个人不得以营利为目的举办学校及其他教育机构"过于绝对化，也不符合社会发展的实际。目前，各种提供教育内容的商业机构已经非常普及，学前教育和各种非学历教育的培训机构也非常普及。建议修改为："任何组织和个人应坚持公益性的原则举办学校及其他教育机构。"

2. 明确相关法律法规中两类民办教育机构的收益权和财产权

修改《教育法》、《民办教育促进法》，明确规定两类民办教育机构的收益权和财产权。对于非营利性民办教育机构，应明确其不具有收益权和财产权，可按照现有民办教育机构有关法规执行。对营利性民办教育机构可按《企业法》的要求，对企业收益权和财产权进行相关制度设计，使其享有收益权和财产。

3. 配套相关法律法规中关于分类管理的优惠政策

解决民办教育优惠政策问题，需要根据民办学校的特点，完善民办学校税收规范体系。

修订和完善民办教育领域的关于优惠政策的法律法规，通过对《教育法》、《义务教育法》、《职业教育法》和《民办教育促进法》的修订，明确两类民办学校的纳税地位。对于界定为企业法人的营利性民办教育机构，应按现行《税法》照章纳税，税收优惠政策需由财税和教育部门制定，以填补空白。而针对非营利性民办教育机构制定的税收政策，应继续执行。

适时修订或补充《民办通则》、《民办非企业单位登记管理暂行条例》中的法人分类规定。在土地划拨与出让方面，非营利性民办学校一律以行政划拨方式提供建设用地。营利性民办学校一律以出让方式提供建设用地。在规范并完善上述民办教育优惠政策体系的基础上，还需要明确民办学校税收优惠政策的适用范围，合理界定税收优惠政策的范围，明确哪些税收优惠政策适用于民办学校。同时，需要合理界定享受与公办学校同等税收优惠待遇的民办学校的范围，并对要求取得合理回报的民办学校制定独立的税收优惠管理办法[①]。

4. 完善相关法律法规的法人治理结构

修改《民办教育促进法》中关于"法人治理结构"的相应规定，建议明确如下内容。

---

① 安杨. 民办教育税收优惠需进一步明确落实．［EB/OL］.（2010-05-11）［2014-06-01］. http://news. china. com. cn/rollnews/2010-05/11/content_ 2061388_ 2. htm.

完善学校理（董）事会的结构。非营利性民办学校须建立监事制度。营利性民办学校须在董事会中设立独立董事。民办学校的理（董）事长不应兼任校长。在理（董）事人员的构成和产生上，明确利益相关者的参与比例。

规范理事会的决策运行程序。规范运行程序，加强会议召开程序、议事程序和决定程序的规范性、严肃性、公开性和透明度。

完善法人内部的监督机制。在民办高校的理（董）事会里考虑设立独立行使监督职责的监事，其主要职责是监督学校的资产、财务状况和业务执行情况。

加强对外部监督。明确政府主管部门应当把具备规范的法人治理结构作为民办学校设置、审批、法人登记、机构认证、质量评估以及政策扶持的重要条件，以督促民办高校不断完善其法人治理结构。

第三章

中国民办教育分类管理改革创新实践

根据《教育规划纲要》的部署，国务院办公厅于 2010 年 10 月 24 日颁布了《关于开展国家教育体制改革试点的通知》，决定在部分地区和学校开展国家教育体制改革试点。全部任务分为三类，即专项改革试点、重点领域综合改革试点和省级政府教育统筹综合改革试点。"改善民办教育发展环境，深化办学体制改革"成为专项改革中的第八项任务，它由四个方面的试点任务组成，每个试点任务均确定了具体的试点地区和学校。其中"探索营利性和非营利性民办学校分类管理办法"的试点任务由上海市、浙江省、广东省深圳市、吉林华桥外国语学院承担并实施。另外，除了这些确定的试点地区和学校外，一些民办教育发展较为迅速的地区如陕西等省，也自行开展了民办教育分类管理的一些探索。

实施民办学校分类管理就是要取消目前存在的准营利性民办学校，消除灰色地带，从而构建以非营利性民办学校为主导的、营利性与非营利性界限清晰的分类框架。而且，分类管理不仅是完善我国民办教育管理体制、保证民办学校持续健康发展的一项根本措施，也是民办教育发展过程中的一项系统性变革。实行分类管理主要要解决以下几个方面的问题：一是规范取得合理回报的办法；二是切实保障民办教育的公益性；三是吸引社会资金流入教育领域；四是落实对民办教育的扶持政策①。国家教育体制改革试点三年多以来，试点地区和学校按照《教育规划纲要》和试点任务的要求，进行了各具特色的区域民办教育政策调整与创新，有效推动了本区域民办教育的科学发展，具有重要的借鉴和推广意义。

一、各地民办教育分类管理改革实践

（一）上海市民办学校分类管理改革实践：区域带动整体突破

改革开放以来，上海民办教育走过了从无到有，从单一到多元的发展历程。民办教育丰富了上海教育生态，满足了人民群众日益增长的对优质多样教育资源的需求，是上海教育的重要组成部分和教育改革的重要力量。近年来，上海民办教育发展迅速，办学规模不断扩大，办学条件日益完善，办学特色丰富，办学层次多样，教育质量和办学水平逐步提高，为上海教育改革和发展做出了重要贡献。

上海被确定为国家"探索营利性和非营利性民办学校分类管理办法"改革试点城市之一后，根据要求积极开展有关民办教育分类管理的实践与探索。在上海市颁布的《上海市中长期教育改革和发展规划纲要（2010—2020 年）》中就明确提出了"探索建立营利性和非营利性民办教育机构分类管理制度，制定相应的管理办法及各项政策"，并要求"建立政府、社会和学校各方共同参与的民办教育发展基金，加大对非营利性民办教育机构的奖励资助力度"。

1. 对民办学校实施分类登记管理改革

（1）探索建立非营利性民办学校制度②。2010 年，上海市率先从浦东新区开始进行试点获得突破。当年，浦东新区教委制定了《浦东新区开办

---

① 赵应生，钟秉林，洪煜. 积极稳妥地推进民办教育分类管理，中国高教研究，2011（10）
② 上海市浦东区教委."探索民办教育分类管理建设非营利民办学校制度"调研报告［EB/OL］.（2011-06-26）. http：//www.canghe.edu.cn/html/2011-06/381.htm.

非营利性学校的若干制度》，这一制度使现行法律对民办教育规定不清晰的状态得到了改善，填补了民办教育健康发展的保障制度建设的空白。该制度具有两个明显的创新。

一是对营利性和非营利性民办教育机构做了界定。在我国民办教育实际发展情况和对国际通行的非营利性组织概念研究的基础上，浦东新区教委对非营利性民办教育机构做出的界定为：第一，举办宗旨不以营利为目的；第二，营运盈余不能用于成员间的分配和分红；第三，机构资产不能以任何形式转变为私人财产。具体体现为：办学不要求回报，出资人出资全部移转教育机构名下；机构财务独立，有独立完善的法人治理结构和合理的不致出现任何个人利己营私的管理制度；出资人不得以任何形式占用或抽取办学经费，营运结余全部转化为办学再投入；机构终止时结余资产归入民办教育发展基金，不归出资人个人所有。除此之外的民办教育机构，均纳入营利性组织范畴。

二是对民办教育分类管理做了制度规范设计。在借鉴其他国家和地区经验的基础上，浦东新区教委制定了营利性和非营利性民办教育机构管理制度，制度设计是：营利性学校纳入企业范畴管理，实行企业法人登记，按市场化模式运行，自负盈亏，依法纳税；非营利性学校纳入民办非企业单位范畴管理，实行民办非企业单位法人登记，出资人出资不享有收益权、对学校资产不享有任何权利，学校可以享受税收优惠和政府财政扶持资助。

同时，颁布实施的《浦东新区开办非营利性民办学校的若干制度》还规定了非营利性民办学校的法人治理制度、准入制度、保障制度、评估监控制度和退出制度。例如：法人治理制度规定非营利性民办学校实行董事会领导下的校长负责制；准入制度规范了准入的三个步骤（即通过招投标选择举办者、举办者履行出资义务、按照办学条件筹办学校）；保障制度保障了办学成本、师资稳定和财政支持；评估监控制度加强财务过程管理，通过评估进行监督；退出制度指定了非营利性民办学校退出办学的流程。政策规定从2010年起，凡是租赁教育局所属公办学校校舍开办民办中小学、幼儿园的，只能举办民办非营利性学校。

（2）创建非营利性民办高校示范校。为引导民办高校坚持教育公益性原则，走非营利性办学道路，上海市发挥政府在公共资源配置方面的引导作用，按照"公益性强、体制创新、特色明显、质量领先"的原则，在捐资办学或以国资为主出资办学、出资人和举办者不要求取得合理回报的民办高校中遴选若干所学校，开展非营利性民办高校示范校创建工作。并对纳入示范校创建的民办高校，给予政策和资源支持。例如：通过设立的民办教育政府专项资金对示范校按生均 3000—4000 元的标准每年给予资助；民办高校"强师工程"培训项目、民办高校骨干教师科研等项目，优先对示范校给予扶持；协调市财政、税务等部门，力争给示范校与公办学校同等税收政策的待遇；拟将示范校纳入上海市高校基本建设事业规划支持范围，学校重大基本建设项目由市建设财力或市教委提供一定支持等。

（3）实施对经营性民办培训机构专门的登记管理政策。上海市除了在教育部门登记属于非营利性的民办非企业单位的民办非学历教育机构 1300 多所外，还有在工商部门登记属于营利性的企业的教育公司 2000 多所。根据分类管理的要求，上海市在出台的《上海市终身教育促进条例》（后文简称《条例》）这一地方法规中，明确了对设立非经营性培训机构和经营性民办培训机构的不同登记管理方式。《条例》规定：设立非经营性培训机构应当按照国家有关规定，向教育行政部门或者人力资源和社会保障部门办理审批手续，取得办学许可证后，依法办理事业单位法人登记或者民办非企业单位法人登记。设立经营性民办培训机构的，申请人应当向工商行政管理部门申请办理名称预先核准手续后，向工商行政管理部门提出登记申请。

之后，上海市工商行政管理局、上海市教育委员会、上海市人力资源和社会保障局又共同制定印发了《上海市经营性民办培训机构登记暂行办法》（后文简称《登记办法》）和《上海市经营性民办培训机构管理暂行办法》（后文简称《管理办法》）。《登记办法》规定了经营性民办培训机构"准入登记要求"，同时明确了经营性民办培训机构"设立申请、准入审核和登记发证"的程序和要求。《登记办法》和《管理办法》同时还规定，经营性民办培训机构不得从事与学历教育相关的教育培训项目。《管理办法》还就涉及经营性民办培训机构的政府行政部门管理职能和管辖、联合监管机制、信息公开和建立社会监督机制，以及违法违规的处罚等内容，明确了相关规定和措施。这些政策措施的相继实行，对进一步保障经营性民办培训机构经营行为的管理，促进上海教育培训市场的健康发展起到了积极的促进和规范作用。

2. 设立民办教育专项资金，分类扶持民办教育

为促进民办教育发展，2005 年，上海市召开第一次民办教育会议后，设立了民办教育政府扶持专项资金。2010 年，市政府又出台了《民办教育政府专项资金管理办法》，明确要求市和区两级政府均设立民办教育政府专项资金。2012 年，上海市民办教育专项资金投入达到了 7 亿元。例如，在民办高校政府专项扶持资金的投入上，上海市坚持充分体现公共财政的公共性和公益性原则，以民办高校办学行为规范为依据，实施分类管理、分类扶持。一是将民办学校分为不求回报的公益性学校和要求回报的营利性学校两类，对公益性越强的学校政府的投入也越多，对营利性学校则按照公司模式加以严格监管；对民办高校而言，上海将民办高校分为基本完成资产过户、大部分完成资产过户、部分完成资产过户和资产过户进展较缓 4 类，生均拨付经费资助也是 4 档，分别为 1200 元、1000 元、500 元和 0 元。二是将政府投入资金和学校学费实行专款专户管理，通过实时监控的技术手段，确保国家和学生缴纳的学费花在该花的地方[①]。

3. 拓宽民办教育投资融资渠道，解决民办学校融资难问题

实施分类登记，分类资助政策后，为拓宽民办教育投资融资渠道，解决民办学校融资难问题，上海市一是探索成立民办教育发展基金会，一方面吸收更多的社会资金投入民办教育的发展，另一方面通过基金会的统筹功能再回收终止办学的民办学校的信用资产，奖励为民办教育做出突出贡献的单位和个人。二是探索筹建民办教育融资担保公司，解决民办高校落实法人财产权益后学校无法利用学校的资产进行抵押获取建设发展资金问

---

① 张婷. "在这里办学，真是蛮幸福的"——上海市深化民办教育办学体制改革采访纪行[N]. 中国教育报，2012-09-20.

题，这些设计已经在一些地方进行了可行性论证，即将大规模推行。

4. 保障民办学校与公办学校师生享有同等待遇①

上海大部分区县建立了民办中小学的生均公用经费补贴机制。市教委对符合条件且收费标准低于同级同类公办学校生均经费拨款标准的义务教育阶段民办中小学，按照本市义务教育阶段公办学校生均公用经费基本定额给予补助。2010 年，上海市在实施《上海教育中长期改革和发展规划纲要（2010—2020）》"十大工程"中的"学生健康促进工程"、"教育国际化工程"等重大工程时，其中面向全市学生开展的项目，均给予民办学校和公办学校学生同等待遇，而且对民办学校全覆盖。在"教师专业发展工程"中同样给予民办高校和公办高校同等待遇，"教师专业发展工程"中教师出国进修、产学研践习等相关项目对民办高校实现全覆盖。从 2005 年起，上海民办高校学生就与公办高校学生同样享受国家助学金、上海市奖助学金和国家助学贷款、副食品补贴、大学生医疗保险等资助项目。

为缩小民办学校教师与公办学校教师退休后待遇的差距，上海市教委于 2009 年起，探索实施民办学校教职工年金制度，鼓励民办学校参照企业年金制度为专职教师缴纳年金，市财政对建立年金制度的民办高校拨付师资队伍奖励经费，2011 年，全市民办高校全年缴纳教师年金总额达 1619 万元，市财政相应奖励经费约 2000 万元。

针对民办高校师资队伍水平差、整体教育质量不高的现状，从 2012 年起，上海市教委每年投入约 2000 万元财政专项资金，委托上海师范大学等机构，开展对民办高校青年教师和管理干部的集中培训，支持民办高校青年教师开展海外研修、产学研实践。再就是采取有效措施切实提高民办学校教师待遇，制订进一步提高民办学校专职教职工收入的指导性意见，将专职教职工收入与学校学费收入、办学结余挂钩，并设定比例要求，市教委拟将这一比例作为核定学校政府扶持专项资金的重要依据之一。同时，加强制度设计，发挥导向作用，通过多渠道（如企业养老金、企业年金、共享费等）提高民办学校专职教职工退休待遇水平，以此吸引优秀教师加

---

① 甄晓燕. 上海民办教育系列探索 扶持中规范［N］. 人民政协报，2012-07-18.

盟民办高校，稳定民办高校教师队伍，从而提高民办教育质量。

5. 建章立制依法加强民办学校财产管理

随着公共财政投入民办教育力度的加大，对学校的资金、财务、资产管理提出了更高的要求。在此背景下，上海市自 2009 年起，依据国家法律法规和教育部综合改革试点的要求，根据民办学校财务管理的实际情况，以《民办非企业单位会计制度》为基础，在全国率先探索制定了《上海市民办高等学校财务管理办法（试行）》、《上海市民办高等学校会计核算办法（试行）》、《上海市民办中小学校财务管理办法》、《上海市民办中小学校会计核算办法》，并在民办高校、中小学、幼儿园实施，以规范本地区民办学校会计核算行为，促使各校按统一标准编制和提供财务会计信息。在推进民办高校、民办中小学和民办幼儿园执行规定的财务管理办法和会计核算办法的基础上，上海市开发了统一的民办学校会计核算软件，并由公共财政专项资金出资为民办学校进行安装和培训，为学校统一核算提供了便利。

同时，为了加强政府专项资金和学费收入的管理，上海市教委要求各民办高校设立了学费专户和政府扶持资金专户，建立了民办高校财务监管平台和民办高校学费收入信息管理系统。教育行政管理部门可以通过平台系统及时掌握民办学校资金的流向和使用情况，依法履行监督管理的职责。对民办非学历教育机构，要求建立学费专户，对学费收入纳入专户管理，接受有关部门监管。此外，加大对民办高校专项审计和专项监管的力度，对民办高校所接受的政府扶持资金和收取的费用实行过程管理和实时监控，为财政继续加大对民办学校的支持力度、开展营利性和非营利性民办学校的分类管理试点奠定了基础。

（二）陕西省民办学校分类管理改革实践：聚焦民办高校分类管理促进人才培养

陕西省并不是国家民办教育分类管理改革的试点地区，但作为高等教育资源大省，其民办高等教育发展也为中西部地区的翘楚。据 2011 年数据统计，陕西有民办高校 18 所（其中民办普通本科高校 8 所，民办普通专科高校 10 所），在校生 19.7 万人；民办高等教育助学机构 23 所，在校生 5.9 万人。有 5 所民办本科学校获得学士学位授予权，1 所民办高校具有硕士学位研究生教育资格，9 所民办高校在校生数超过 1 万人，民办教育综合实力居于中国前列。

为促进民办高等教育发展，陕西在 2011 年底就颁布了《关于进一步支持和规范民办高等教育发展的意见》（后文简称《陕西意见》），就建立和完善陕西的民办高等教育分类管理体制做出了规定。相比于其他改革试点地区的改革，陕西在对民办高校进行分类管理的制度建设中具有以下特点。

1. 更细致的法人属性划分

陕西省将民办高校分为非营利性和营利性两类。非营利性民办高校分为三种，即捐资举办、出资不求合理回报、出资要求合理回报。"其中捐资举办、出资举办不求合理回报的学校登记为民办自收自支事业单位法人；出资举办要求合理回报的学校登记为民办非企业法人。"营利性学校登记注册为企业法人。陕西这一分类法为民办高校提供了多种发展模式，有利于投资者进入民办教育时根据自己的定位和实际情况做出选择。这是陕西民办高校分类管理的最大基点，也是其创新之处。

2. 更高的合理回报比例

《陕西意见》中明确指出："非营利性学校出资人要求取得合理回报的，在扣除办学成本、计提发展基金和国家规定的有关费用后，允许从办学结余中按年度取得合理回报，作为对出资人的奖励。奖励申请由学校决策机构提出，教育行政部门会同有关部门根据原始出资额、追加投入额、学费收入和办学结余等情况，综合确定合理回报额，合理回报额可占到办学结余的 40%。取得的合理回报继续用于学校发展的，计入新增出资额，并按有关规定享受税收优惠政策。营利性学校按企业机制获取回报。"40% 的合理回报比例在全国目前所有政策中最高，合理回报率的确定解决了长期以来关于合理回报的比例问题，也解决了困扰民办高校分类管理的关键问题。这是陕西民办高校分类管理制度的一大亮点。这一政策的推行有利于增强举办者办学的积极性、创造性和责任心。

3. 更具体的退出机制

由于陕西对民办高校的法人属性有更细致的划分，所以不同性质的学校退出机制也更具体。《陕西意见》规定："学校终止办学，按法律法规和国家有关规定进行资产清算，清算和安置方案报审批机关确认后实施。捐资举办的学校终止办学，剩余资产用于公益性教育事业；出资举办不要求取得合理回报的学校终止办学，按投入额度取得补偿后，其余剩余资产用于公益性教育事业；出资举办要求取得合理回报的学校终止办学，剩余资产按有关法律、行政法规的规定处理。举办者、出资者变更，原始出资额须按原值计算。营利性学校的剩余资产按《中华人民共和国公司法》的规定处理。"

4. 基于民办高校产权明晰的政府支持力度不断加大

陕西民办高等教育正处在由规模扩张向特色发展的战略转型期。政府部门为此计划至 2015 年，将投入 15 亿元专项资金用于支持民办高等教育在公共服务和信息平台、高水平民办高校、提升师资队伍水平、实验室和实习实训基地等方面的建设。陕西省教育厅有关负责人认为，陕西把分类管理作为规范管理和财政支持的依据，将民办高校分为非营利性与营利性两种类型，以明晰产权，在财政拨款和政府补助、税收设计和审计办法上给予不同政策。同时，要保障各类民办学校的合法权益，严格规范办学行为，建立并完善非营利性与营利性民办高等教育分类管理体制，开展混合制民办高等教育试点工作，逐步建立"产权明晰、利益共享、学校自治、服务社会"的现代大学制度。正是这一系列政策的促进下，陕西民办高校的发展呈现蓬勃发展的格局①。

（三）深圳市民办学校分类管理改革实践与探索：以义务教育阶段为主阵地伴随改革开放不断深化

从 1990 年诞生第一所民办学校至今，深圳民办教育已走过 20 年的发展历史，与其他省市不同的是，深圳民办教育主要集中在义务教育阶段。

---

① 陕西投 15 亿发展民办高教 民办高校产权明晰成重点［EB/OL］.（2012-02-16）［2014-10-20］. http：//www.chinanews.com/edu/2012/02-16/3674920.shtml.

伴随着深圳在全国创新开拓的领先步伐，深圳民办教育不仅分担了深圳经济高速发展时期政府投入的压力，缓解了在深非户籍人员子女读书学位紧缺的矛盾，还在一定程度上满足了不同收入群体对子女接受教育的选择性需求，可以说，深圳民办教育为深圳经济社会发展做出了重要贡献，成为当地教育事业的重要组成部分。

2010 年 10 月，国务院办公厅下发了《关于开展国家教育体制改革试点的通知》，确定深圳市为"改善民办教育发展环境"改革试点城市之一。深圳市立即组织专家起草相关的实施方案，2011 年 1 月顺利通过了国家教育咨询委员会的评审，国家教育体制改革领导小组办公室同意备案，要求深圳市尽快组织实施，其中包含民办教育分类管理的实践和探索。

"民办教育分类管理探索"作为深圳市承担的"改善民办教育发展环境"改革试点的重要工作之一，纳入了 2011 年市政府重点工作和市教育局白皮书中；同时，也作为重要规划写入《深圳市教育发展"十二五"规划》和《深圳市中长期教育改革和发展规划纲要（2010—2020 年）》。深圳市有关民办教育分类改革试点工作的实施和推行从以下几个方面展开。

1. 颁布对民办学校进行分类登记管理的政策并实施分类管理

（1）适时颁布分类管理的相关政策。2013 年，广东省出台了《促进民办教育规范特色发展意见》，其中提出"推行民办学校分类管理"，落实"民办学校与公办学校同等法律地位"，实行差别化扶持政策。该政策是深圳市实施民办教育分类管理的上位文件，主要包括以下内容。一是完善民办学校法人登记办法，"对从事学历教育的民办学校和幼儿园，按以国有资产参与举办为标准，探索完善学校法人登记制度；具体办法由省教育部门会同机构编制、民政、工商等部门研究制订。对民办教育培训机构，可登记为民办非企业单位法人或企业法人"。二是实行差别化的扶持政策，"积极鼓励、重点扶持捐资举办和出资举办不要求取得合理回报的民办学校发展，并在土地使用、规划建设、金融信贷、设置审批、奖励评定、资金扶持、项目安排、人才引进、师资建设等方面实行优惠政策"。此外，还提出"鼓励各地开展民办学校分类管理试点，创新民办教育管理制度，完善民办学校办学许可和注册登记制度、产权和资产管理制度、财务会计和审计制度、学校法人治理结构和政府管理服务体系"。

（2）探索实行营利性和非营利性民办中小学分类管理。据 2011 年数据统计，深圳市 252 所民办中小学中，95% 以上要求取得合理回报，只有 5% 左右不要求取得合理回报。深圳市民办中小学分为非营利性和营利性两类，非营利性又根据其公益程度分为捐资办学、出资办学但不要求合理回报、出资办学但要求合理回报三种类型，而营利性则是按市场运作投资办学。

对于是否是营利性的认定标准，分别从学校法人财产权、举办者对投入资产的所有权、举办者是否参与办学结余的分配和办学结余可以分配的比例等来制定。如学校法人财产权独立完整，举办者对投入资产拥有产权但不享有办学结余资产的所有权，办学结余不能用于分配而全部用于学校发展，终止时，归还举办者的投入后剩余资产全部用于发展民办教育可认定为不要求取得合理回报学校。如办学结余可用于分配，但分配比例控制在同期银行利率的一个合理范围内，可认定为要求取得合理回报学校等。

深圳市政府按照民办学校的公益程度，制定了分类的支持政策。对非营利性学校，考虑从教师社保政策、税收优惠政策、用电、用水、用气、排污、通信等公共服务价格、收费政策、用地政策、土地租金补贴、拨付办公经费和设施设备专项经费补助等予以扶持。对营利性学校，考虑在融资信贷方面予以支持等，同时还考虑建立激励机制，引导现有民办中小学合理分流，鼓励转为非营利性学校。

2. 突破体制障碍，建立公共财政对民办教育的投入机制[①]

深圳市民办教育分类管理是从公共财政的奖补投入上，寻找到切入点的。2011 年，深圳市设立民办教育发展专项资金，并把民办教育发展专项资金纳入市财政年度教育经费预算。该经费主要由市财政预算和城市教育附加组成，设立当年就达到 3.5 亿元，2012 年增加到 5.3 亿元，大大促进了民办教育的发展。为了更加规范、持续管理专项资金，2012 年，深圳市又制定了《深圳市民办教育发展专项资金管理办法》。

---

① 孙颖. 深圳将投 5 亿元扶持民办教育 教师享长期津贴 [N]. 南方日报，2012-09-03.

在此基础上，2012 年，深圳市教育局、财政委联合颁布《深圳市民办学校义务教育阶段学位补贴试行办法》、《深圳市民办教育发展专项资金奖励和资助项目实施细则》和《深圳市民办中小学教师长期从教津贴实施办法（试行）》，这三项新举措，作为深圳市民办教育发展专项资金使用项目的具体配套政策，很好促进了民办教育发展。相关政策体系如下。

（1）创新体制机制，落实免费义务教育政策，减轻家长经济负担，缓解公办学位紧缺矛盾。《深圳市民办学校义务教育阶段学位补贴试行办法》规定，对深圳受政府委托的民办学校就读、符合深圳义务教育免费就读条件的学生实行学位补贴。各区按小学不超过每人每年 5000 元、初中不超过每人每年 6000 元的标准给予学位补贴（以上学位补贴已包含深圳免费义务教育财政补助）。受委托学校需达到广东省义务教育规范化学校标准。受委托学校的收费标准低于补贴标准的，最高补贴额度为其收费标准，收费标准高于补贴标准的，其差额部分由家长缴交。受委托学校仍可根据本校的服务内容向享受学位补贴的学生收取餐费、校车费、校服费、住宿费等自愿选择的代收费项目的费用。深圳市将有近 5 万名符合条件的义务教育阶段学生享受到学位补贴，仅此项就可减轻家长负担约 2.5 亿元。

（2）鼓励优秀教师在民办中小学长期从教，稳定教师队伍，提升民办学校办学水平。《深圳市民办中小学教师长期从教津贴实施办法（试行）》规定，在深圳民办中小学连续任教 3 年以上，其中在现学校连续任教满一个学期以上、具有相应的教师资格证、在深圳民办中小学连续任教期间已参加过社会保险、近 3 年年度考核"称职"以上的专任教师可以享受从教津贴。从教津贴标准为：连续从教 3 年以上的，从第四年开始发放从教津贴，发放标准为：满 3 年每人每月 300 元，以后每满一年每人每月增加 100 元，每人每月至 1000 元止，不再增加。从教津贴每年按 12 个月计发，每学期发放一次，每次发放 6 个月。从教时间计算至教育行政部门制定的中小学校历学期结束时间。学期结束前离职的不予发放。《深圳市民办中小学教师长期从教津贴实施办法（试行）》强调，实施从教津贴后，各学校不得降低或抵扣教师原有工资福利待遇，对发现有降低或抵扣教师原有工资福利待遇情况的学校，由市、区教育行政部门责令限期整改，并视情节轻重，从当年起3年内取消该校申报各项奖励和资助资格。实施后，将有近1.4万名教师可享受长期从教津贴，全市民办教师月平均工资将从3000元提高到3500元左右。

（3）奖优助研，鼓励民办学校不断改善办学条件，提供市民满意的差异化、个性化、特色化的教育。根据《深圳市民办教育发展专项资金奖励和资助项目实施细则》规定，通过市级以上的教（办）学水平评估，或承担由全国哲学社会科学规划办及全国教育科学规划办、教育部、科技部等国务院各部委批准立项的或直接下达的国家级子课题在研课题（国家级课题条件）或由广东省哲学社会科学规划办及省教育科学规划办、教育厅、科技厅等部门批准立项的在研课题（省级课题条件）的学校，可申报相应的一次性奖励或资助。对符合《深圳市民办教育发展专项资金管理办法》第七条规定的申报条件，且教师月平均工资水平不低于深圳人力资源和社会保障局发布的上一年度《深圳市人力资源市场工资指导价位》同类教师月平均工资水平的，可申报优质办学奖励和改善办学条件项目资助。每3年会对经市教育行政部门定期组织评审的优质办学学校进行奖励，获奖率为全市学校等级为市一级以上的民办中小学学校总数的20%。办学水平评估奖励为每所中学50万元、每所小学40万元，而本办法实施前已通过市一级以上学校评估和市级以上高中教学水平评估的，按照省一级学校每所60万元、市一级学校每所50万元、国家级示范性高中每所100万元、省高中教学水平评估每所80万元、市高中教学水平评估每所60万元标准给予一次性奖励；每个国家级重点课题资助5万元、一般课题资助3万元，每个省级重点课题资助3万元、一般课题资助2万元；优质办学奖为每所高中（含完全中学、十二年一贯制学校）60万元，每所初中（含九年一贯制学校）50万元，每所小学30万元；资助标准不超过该项目所需经费的50%，原则上每个项目最高不超过50万元。对非营利性民办学校的项目对等条件100%资助。2012年将有近160所民办学校获得共约8500多万元的专项资金的一次性奖励。

这三项政策对增强民办学校可持续发展能力，促进公、民办学校协调发展，进一步促进教育公平和教育均衡发展，将发挥更加大地助推作用。

（四）温州民办教育分类管理改革："1+14 政策"破解发展难题

作为浙江省的教育大市，温州各类学校在校生共有 150 多万人，占浙江省教育人口近五分之一。温州又是我国民营经济的先发地区，民办教育在全国起步早、总量多。2011 年，全市有民办学校 1748 所，在校生 41.3 万人，占全市在校生总数的 27.3%。经教育部和浙江省教育厅批准，2010 年底，温州正式承担了国家民办教育综合改革试点工作，其中重要的一项就是民办教育分类改革试点。也就是说，温州民办学校分类管理改革是置身于民办教育综合改革的系统中进行的。

温州推动民办教育分类管理改革试点实践，首先通过深入调研，于 2011 年 11 月形成了市委市政府《关于实施国家民办教育综合改革试点加快教育改革与发展的若干意见》的"1+9 政策"，在此基础上，2013 年，又进一步补充完善为"1+14 政策"（即 1 个主文件，14 个配套文件）政策体系。各相关区县按照全市的总体试点改革政策要求，从实际出发制定了本区（县）《关于实施国家民办教育综合改革试点加快教育改革与发展的若干意见》，并在财政奖补、政府购买教育服务、民办教师人事代理业务经费、民办教师专业发展等方面，形成了区（县）财政设置专项资金支持民办教育的制度。同时，为加强管理，市县两级设立了专门的民办教育专项管理机构。通过几年的改革实践，温州民办教育得到了政府政策上的大力支持，民办教育发展呈现欣欣向荣的发展景象。温州在民办教育分类管理上实施的改革措施有以下几个方面。

1. 对民办学校进行分类登记管理

长期以来，民办学校的身份很尴尬。民办学校的法人属性被定性为"民办非企业单位"，一方面因为不是企业，很难做到真正的自主办学、自我管理、自求发展；另一方面又因不是事业单位，民办学校及其师生无法享有与公办学校同等的法律地位及其他待遇，造成民办学校与公办学校法律地位事实上的不平等，导致民办学校的师资队伍难以稳定，财政资助和税收优惠等扶持政策也难以制定和落实。可见，民办非企业这种"非马非驴"的登记办法造成的民办学校法人属性错乱，这正是我国当前民办教育发展困境的源头性问题，因此，对民办学校法人属性重新进行定位就成为民办学校分类管理改革的关键所在。而"按照营利性、非营利性对民办学校进行分类登记管理，就是要为民办学校正本清源"①。

对此，温州市委、市政府进行了积极的改革探索，出台了《关于民办学校分类登记管理的实施办法》，规定"按照营利性、非营利性对民办学校进行分类登记管理。非营利性的全日制民办学校按照民办事业单位法人进行登记管理，营利性的全日制民办学校按照企业法人进行登记管理。非全日制的民办学校按照企业法人进行登记管理，确属非营利性的，也可以登记为民办事业单位法人"②。

为了进一步探索和完善民办学校按照营利性和非营利性进行分类登记管理的办法，激活社会资本进入教育领域，支持民办学校创新体制机制，提高民办学校办学质量，形成各具特色的民办教育发展格局，2013年温州又出台了《关于民办非企业法人学校改制为企业法人学校的办法》，明确规定"鼓励非义务教育阶段优质民办学校和培训机构进行企业法人登记探索"，"义务教育阶段民办学校原则上不允许改登记为企业法人学校，但因区域教育发展和改革探索需要，经县（市、区）教育局同意，报温州市教育局批准，也可登记为企业法人"，并制定了相应的改制办法。

民办学校依据不同的类别到不同的管理机关登记。温州的政策规定，"民办事业单位法人由民政部门登记管理，企业法人由工商部门登记管理。主管部门依照营利性与非营利性标准对民办学校进行审核登记和管理，凡是确立为非营利性的民办学校均为事业单位，享受与公办学校同等的权利。凡是确定为营利性民办学校的均属于企业单位，将按照《企业法》对其进行管理"。

不同类别的民办学校在办理登记时必须获得办学许可证。温州市政策规定"营利性民办学校须经业务主管单位审批并领取相应的办学许可证

---

① 温州实施国家民办教育综合改革试点纪实［N］.温州日报，2013-08-27.
② "民办事业单位"是温州所创设的一个"法人名称"，目前在相关法律法规里尚找不到对应的法律术语。为了解决这个问题，温州的变通办法是，民办事业单位法人登记证书的式样由温州市人民政府制订，并由民政局负责法人登记工作。

后，凭办学许可证到登记管理机关办理登记手续"；申请非营利性民办学校设立登记，举办者向登记管理机关提交的材料中要包括"教育行政部门或人力资源和社会保障行政部门颁发的办学许可证"。

温州市实施的民办学校法人分类管理办法，改变了以往民办学校登记管理政出多门的混乱局面，突破了有关民办学校分类的传统框架，改变了过去民办学校待遇不公，既享受不到公办学校享有的土地、税费等优惠政策，又要按照企业标准去缴纳相应的税费的问题，也突出强调了义务教育阶段民办学校的责任。温州市按照营利非营利对民办教育进行分类的办法，也为建立有区分度的政策体系提供了依据。根据温州市出台的文件，确定分类管理原则后，政府将分别按照民办事业单位法人和企业法人的性质，就民办学校财政支持、招生收费、税费优惠、土地供给、会计制度、队伍建设、产权流转等改革要素制定相应的政策扶持体系。例如，政府购买服务资金，就只补助民办事业法人学校。

参加分类改革试点的温州育英国际试验学校是温州当地规模较大的一所民办校，涵盖了从小学到高中的各个年级段，现有108个班级4000多名学生。对于该校之所以选择非营利性民办事业单位的原因，总校执行校长项加方对此做了说明，"按照企业来报，学校的办学成本会有比较大的升高。比如说，老师交纳社保这块，按照事业单位的标准是每年1万多，为了确保民办学校教师退休后跟公办学校老师待遇一模一样，政府规定要增加到3万。一个老师要3万，我的学校现在有300个老师，就是将近900万，我还有300多其他的非教学人员，加在一起每年要1200万左右。如果按照企业来选，政府对学校的所有扶持都没有了，再加上按照企业的税制纳入，学校的办学风险会增加很多。"①

与项加方校长有类似想法的民办学校举办者，在温州占绝大多数，据温州市教育局资料显示，分类管理政策实施后，首批100所民办学校已报名分类，其中，约八成民办学校选择非营利性民办事业类登记，只有两成

---

① 马晖．民办教育改革温州试点 回报定为年贷款利率2倍［N］．21世纪经济报，2011-12-08.

民办学校选择企业法人登记。

2. 规范出资者产权及两类民办学校取得合理回报的办法

民办学校产权归属问题及出资人的合理回报问题，是贯彻实施《民办教育促进法》和《民办教育促进法实施条例》的核心内容之一。依照现行《民办教育促进法》的规定，民办学校在扣除办学成本、预留发展基金以及按照国家有关规定提取其他的必需的费用后，出资人可以从办学节余中取得合理回报。但是多少回报属于合理，在相应的法规中却没有规定。另外在产权归属问题上，目前法律对出资者投入资产的最终归属没有明确，从而制约了民间资金更好地进入民办教育领域，有资金的也大多不敢投资民办学校，这使民办学校成为"长不大的孩子"，阻碍了民办教育的发展进程，也带来社会成本的巨大增加。

针对这个问题，温州市研究制定了《关于明确非营利性民办学校法人财产权的实施办法（试行）》，明确规定，民办学校的出资财产属于民办学校出资人所有，出资人产（股）权份额可以转让、继承、赠予，但学校存续期间不得抽回资金。与此同时，又制定了《关于非营利性民办学校财务管理的实施办法（试行）》并规定，登记为民办事业单位法人的民办学校可从办学结余中提取一定比例的经费，用于奖励出资人，年奖励金额最高可以达到出资人累积出资额为基数的银行一年期贷款基准利率的 2 倍，等等。

对于合理回报这一比较敏感的问题，温州市在考虑了多份备选方案后，最后确定以银行基准利息为基本标准。温州市政策所规定的合理回报为银行一年期贷款基准利率的 2 倍，相当于民间的 1 分利，这个利息在温州是偏低的，这是按照温州民间资本运作现实中最低的一种标准制订的。实际上，按照这一回报标准，出资人肯定嫌少，但是目前也都觉得还可以接受。如果合理回报定得过低，那就会很难吸引更多民间资本进入教育领域①。

---

① 马晖 . 民办教育改革温州试点 回报定为年贷款利率 2 倍 ［N］. 21 世纪经济报，2011-12-08.

3. 疏通民办教育投融资体制，积极促进两类民办学校发展

有效规范出资者产权及民办学校取得合理回报的政策措施，对于引导民办学校举办者的办学行为，以及基于不同于企业的盈利模式上对民办学校出资人进行合理合法的鼓励、奖励，都有着积极的意义。但是，仅仅这样还不够，还要考虑解决制约民办学校发展的另一重要问题，即民办学校融资难问题。

《民办教育促进法》规定：国家鼓励金融机构运用信贷手段支持民办教育事业的发展。《民办教育促进法实施条例》中也规定：在西部地区、边远地区和少数民族地区举办的民办学校申请贷款用于学校自身发展，享受相关的信贷优惠政策。这一规定当然是对西部和边远地区的政策倾斜，但这显然缩小了信贷优惠政策的范围，这意味着除此之外的其他地区民办学校享受不到信贷优惠的政策。

另外，与公办学校相比，民办学校融资难一直困扰着民办学校的发展，也堵塞了社会资本更好进入民办教育的通道。公办学校的资金来源有国家的财政拨款，有银行的无息、低息或贴息贷款。而这些对民办学校来说，几乎很难享受到。一些起步早、发展快或靠企业集团投资的民办学校大多在较短时间内完成了自身规模的扩张，进入了良性发展。对这些学校来说，资金可能已不是制约学校发展的最主要因素。而那些最初靠个人投资、滚动发展的民办学校经过几年的发展后，渐渐表现出后续资金的严重不足。这些学校由于规模相对较小，在寻求发展资金，尤其是银行贷款方面则显得无能为力，甚至使一些急需资金注入的民办学校的发展举步维艰。资金来源单一、融资渠道不畅，在一定程度上严重影响了民办学校的发展。进一步拓宽融资渠道，是促进当前民办学校良好发展的一个紧迫任务。

为了破解这一瓶颈，推动民办教育跨越式发展，温州市出台了《关于落实民办学校金融支持和优惠政策的实施办法（试行）》政策，实施多种举措以突破民办教育投融资体制障碍。

（1）完善教育投融资平台。建立温州教育发展投资集团有限公司（注册资金达30亿元），使之与温州市区域内的商业银行、农村合作银行（信用社）、村镇银行、小额贷款公司等一并成为温州民办学校政策性金融服务的支持机构。

温州教育发展投资集团有限公司成立民办学校金融服务部，为民办学校提供"一站式"金融综合服务，包括短期应急融资服务、民办教育资产管理和融资咨询服务、资产租赁服务。

对于商业银行，鼓励其开发适合民办学校发展需求的金融产品，创新民办学校固定资产贷款形式，为民办学校提供校产按揭贷款和发行特定投向民办学校的金融债等金融服务。对于登记为企业法人的优质民办学校，由金融管理部门协调商业银行为其组织发行收费权信托产品，拓宽学校建设资金渠道。

搭建民办教育协会、银行、担保三方对接平台，通过"协会参与，银保互动"方式，以学校作为授信主体，由民办教育协会提供信息和技术支持，银行给予信贷资金支持和现金流管理，温州教育发展投资集团有限公司提供贷款担保服务，三方配合，互动监督。

（2）允许将学校非教学设施作抵押，或将学校学费收费权和知识产权作质押向银行申请贷款。对于营利性与非营利性民办学校，其收费权和办学权都可以用于质押，也都可以将学校知识产权、著作权、商标权用于质押。

（3）成立全市民办教育公益基金会，为非营利性民办学校提供资金资助。全市民办教育公益基金会用以接收来自国内外政府、组织和个人提供的热心支持民办教育事业发展的资金、资产及无偿技术援助，并以此资助非营利性民办教育事业，并协助政府处理终止办学的民办学校的剩余资产，接受委托，支持开展有利于促进民办教育事业发展的项目及活动，促进引导民办学校公益性、内涵式发展。

由温州市民办教育协会发起成立民办学校互助合作组织，建立民办学校融资互助合作基金，加强民办学校之间的资金和信用合作。

4. 依法加强两类民办学校财产管理

民办学校财务管理是民办学校管理工作的一个重要组成部分，但是民办学校的财务管理中还存在着许多不足，严重地制约着民办学校和民办教育事业的健康与可持续发展。对此，温州市出台了政策，规定按民办学校法人属性不同执行相应的会计制度：登记为民办事业单位法人的民办学校，执行民办事业单位相应的会计制度。登记为企业法人的民办学校，执行《企业单位会计制度》。

温州市的规定中还要求健全民办学校风险应对机制，建立风险基金，凡没有独立校舍和重要固定资产的民办学校，教育行政部门要督促其在学校生源较好、资金充足之时，提取并维持学费年总收入的 5% 作为风险基金。有公共财政资金投入的民办学校，有关部门要加强监督，保障公共财政资金的安全与效益。

5. 根据学校性质落实政府扶持资助政策

在对民办学校进行分类登记管理改革的基础上，为促进本市民办教育又好又快发展，温州市又出台了《关于公共财政补助民办教育的实施办法（试行）》，实施民办教育专项奖补和政府购买教育服务两个方面的公共财政补助民办教育政策。具体措施如下。

（1）设立七项民办教育专项奖补，助推民办教育发展。自 2011 学年起，温州市财政每年安排 3000 万元作为民办教育专项奖补资金（以下简称"专项奖补资金"）。各县（市、区）也要参照公办学校经费拨款水平，结合民办教育规模，设立民办教育专项奖补资金。

民办教育专项奖补资金用于民办教育各项财政扶持项目支出，主要包括七个方面：全市民办学校升等创优奖励；全市民办学校年检优秀单位奖励；全市民办学校年度优秀举办者、校长、教师奖励；全市民办学校教师培训培养补助；市本级民办学校教师人事代理经费补助；市本级民办学校建设项目贷款贴息补助；市本级民办高职学校毕业生培养奖励。

①民办学校升等创优奖励。对于全市民办学校上年被评上综合性升等创优荣誉（项目）的，分别一次性给予奖励的标准为：民办学校创建成市现代化学校和市素质教育示范学校的，分别给予 20 万元、10 万元的奖励；民办高中段学校创建成国家级，省一、二、三级，市重点普通中学，分别给予 40 万元、20 万元、15 万元、10 万元、10 万元的奖励；民办学校创建成市示范学校（义务教育阶段）的，给予 10 万元的奖励；创建成省义务

教育标准化学校、市寄宿制学校的，给予 6 万元的奖励；民办学校创建成省一、二、三级幼儿园的，分别给予 20 万元、10 万元、5 万元的奖励。

②民办学校年检优秀单位奖励。对于全日制民办学校在年检中被评为优秀单位的，一次性奖励 3 万元；非全日制民办学校在年检中被评为优秀单位的，一次性奖励 2 万元。

③民办学校年度优秀举办者、校长、教师奖励。对于市级民办学校优秀举办者和优秀校长，一次性奖励 1 万元，市级民办学校优秀教师，一次性奖励 5000 元。

④民办学校教师培训培养补助。第一，对于全市民办学校校长、骨干教师、学科带头人培训，由市教育局组织实施，年初由市财政局按培训规划预拨培训经费，年终按实际情况结算培训经费。所需资金由市专项奖补资金列支。第二，实施全市民办幼儿园教师素质提升工程。以三年为一个周期，按年人均 3600 元标准实施民办幼儿园教师素质提升工程，所需经费由市、县财政与民办幼儿园按 1：1：1 分担。该工程市补助资金下达到县（市、区）教育部门。当年实际支出小于年人均 3600 元的，市财政按实结算补助资金；实际支出大于年人均 3600 元的，按年人均 3600 元结算补助资金。

⑤民办学校教师人事代理补助。适用于符合聘用条件并已应聘到各级各类民办学校从事教育教学工作的教师，参加人事代理所支付的人事代理费用。该机制针对为教师办理人事代理的民办学校，按规定报送单位缴纳的人事代理教师数及费用清单，交教育、财政部门核定，由教育、财政部门按缴纳标准给予补助。

⑥民办学校贷款贴息。对于民办学校大型建设项目的贷款，可由政府给予贷款贴息补助。民办学校按规定上报有关部门批准的建设文件及相应银行贷款合同等资料，交教育、财政部门审核、确认后，给予适当补助。

⑦高校毕业生培养奖励。对于民办大专（高职）和本科学校每培养 1 名毕业生，分别给予补助 800 元和 1000 元。补助资金主要用于改善教育教学设施，开展教育教学活动，组织教师培训等。

（2）建立政府购买民办教育服务的机制，主要包括以下三个方面。

①设定获得政府购买教育服务的民办学校的适合条件。获得政府购买教育服务的民办学校的适合条件有四项：登记为民办事业单位法人的民办学校；学校85%以上的教师落实社会保障政策并足额缴纳社会保险费的单位应缴部分；落实当地民办学校教师最低工资制度；执行相应的会计制度。

②明确政府购买教育服务的办法。从2011学年起开始，每年10月份前，由教育、财政部门核定符合要求的民办学校在校生人数，由财政部门按当地上年同类公办学校生均教育事业费（数据来源于温州市教育局教育经费统计）给予一定的补助：义务教育阶段补助标准为30%至50%，学前教育、高中段教育补助标准为20%至30%。要求各县（市、区）2011学年不得少于10%，并要在三年内按比例执行到位。2011年，市本级义务教育阶段补助标准为30%，高中段教育补助标准为20%，并逐年提高。该项经费由当地财政按实补助，不在市民办教育专项奖补资金中列支。

③明确政府购买服务补助经费的用途。按顺序分别优先用于缴纳教师社会保险费的单位应缴部分、教师培训、教师最低工资、改善办学条件等。

（3）依法落实税费优惠政策。《民办教育促进法》第四十六条规定：民办学校享受国家规定的税收优惠政策。《民办教育促进法实施条例》第三十八条规定：捐资举办的民办学校和出资人不要求取得合理回报的民办学校，依法享受与公办学校同等的税收及其他优惠政策。但是，《民办教育促进法实施条例》与相关税收文件政策规定有出入，《民办教育促进法实施条例》规定不要求取得合理回报的民办学校享受公办学校同等税收优惠，但相关税收政策对民办学校享受税收优惠分税种进行限制，同时存在一定的出入。因此，按照上位法优于下位法的原则，根据民办教育促进法及其实施条例的规定，温州市出台了《关于深入实施国家民办教育综合改革试点加快教育改革与发展的若干意见》，并根据民办学校不同属性依法落实相应的税费优惠政策。

该文件规定：登记为民办事业单位法人的民办学校依法享有公办学校

同等的税费优惠政策。登记为企业法人的民办学校，提供学历教育劳务所得的收入，免征营业税，企业所得税由税务部门先征缴后再予以返还地方所得部分，该项税收优惠政策每所学校享受五年。个人通过中国境内的非营利性机构用于民办教育事业的捐赠支出，按税法规定，在计算所得税应纳税所得额时扣除。出资人将房产设备投入到民办学校，不征营业税、土地增值税，企业所得税，契税地方所得部分由税务部门征缴后按规定给予返还。企业以税后利润在本市投资办学的，其投资额对应的企业所得税地方所得部分，由同级财政予以返还，全额用于办学。

该政策有效落实了按照民办学校要求取得合理回报与不要求取得合理回报分别与同类的公办学校相对应，享受同等税收优惠政策的具体规定。

（4）保障合理用地需求。教育用地是否有保障是民办学校能否发展的一大关键点。对此，文件规定：统筹民办学校布局，各地按照"1650"城镇体系框架和村级组织"转并联"后农村新社区建设的发展要求，将民办学校布点纳入教育布局调整规划，并与城乡规划调整和乡镇土地利用总体规划修改做好衔接。规划部门在统筹规划教育设施布局时，要优先规划民办学校。国土资源部门每年在安排用地指标时，要优先确保民办学校建设用地，以保障民办教育用地需求。登记为民办事业单位法人的民办学校，可以行政划拨方式提供土地使用权，原以出让方式获得的土地，土地的使用权和教育用地功能均保持不变。登记为企业法人的民办学校原则上以有偿出让方式供地，原以行政划拨方式供地的，分类改革后，其土地作为国有资本保留，需要由划拨改为出让的，按国家《协议出让国有土地使用权规范（试行）》规定处理，出让金由原土地使用者支付。在规划许可的前提下，民办学校可以依法依规通过土地置换迁建、扩建学校，做大做强优质资源。登记为民办事业单位法人的民办学校，各项建设税费减免与公办学校享有同等待遇。

（5）落实民办学校收费自主权。行政干预民办学校收费权的现象一直存在，如政府片面现价，不按照办学成本核定民办学校收费标准；或者政府规定所有同层次民办学校执行相同的收费标准，不遵循"优质优价"原则等。这样就违背了民办教育应具有的选择性和多样性特点，不利于民办学校办出特色、提高水平。对此，温州市出台文件根据法人属性分类实行优质优价的收费政策。具体规定为：登记为民办事业单位法人的民办学校，收费项目及标准实行政府指导价管理，由民办学校按不高于当地上年度生均教育事业费3倍的标准自主确定（经教育行政部门批准的特别优质学校，可按不高于当地上年度生均教育事业费5倍的标准自主确定），报价格主管部门备案并向社会公示后执行。登记为企业法人的民办学校，收费项目及标准由学校自主定价，报价格主管部门备案并向社会公示后执行。

（6）依法落实民办学校学生的扶助政策。《教育规划纲要》要求健全公共财政对民办教育的扶持政策，让民办学校学生享受与公办学校学生同样的助学政策。对此，温州市出台政策，规定民办学校学生与公办学校学生同等待遇享受国家助学金、励志奖学金、国家助学贷款财政贴息、中职助学金、义务教育阶段免费教科书、困难生资助等省以上财政补助政策。

6. 大力解决民办学校教师社会保障问题

由于公办、民办"二元"结构的存在，公办学校教师按事业单位标准领取退休费，民办学校教师则按企业标准参加社会保险和领取养老金，民办教师退休待遇明显低于公办学校教师。即使在同一所民办学校之内，由于既有从公办学校聘用的教师（具有事业单位编制并享受事业单位退休标准），又有直接招聘的教师（按企业标准参加养老保险），即使教师在职时同工同薪，但退休后享有的社会保障水平却存在较大差异。并且，按照《民办教育促进法》、《民办非企业单位登记管理暂行条例》以及人保部《关于对社会力量所办学校等民办非企业单位参加城镇企业职工养老保险的复函》（劳社厅函〔2003〕317号）的规定，目前民办学校应按也只能按企业职工标准参加养老保险，民办学校即使有能力按照事业单位退休费标准或更高标准给教师参保，由于缺乏政策执行通道，社保部门通常也不会予以办理。这些因素造成民办学校人难进、更难留，影响了民办学校教学质量的提高，制约民办教育健康发展。

为解决教师的后顾之忧，稳定民办学校教师队伍，温州市专门制定了《关于完善民办教育社会保险制度的实施办法（试行）》，针对民办学校教师社会保障问题进行有效破解，同时出台了《关于公共财政补助民办教育的实施办法（试行）》等政策，加大对民办学校财政扶持的力度，以保证民办学校在扩大支出、提高教师社保水平的同时获得充裕的资金支持。

（1）明确公办、民办学校教师同等待遇。以教师资格和人事代理制度为切入点，建立健全社会保险制度。规定凡取得相应教师任职资格，参加人事代理，从事相应教育教学工作的民办学校教师，均按公办学校教师标准参加事业单位社会保险，并享受与公办学校教师同等的退休费。社会保险经办机构根据相关政策规定，对符合条件的人员，按照对应的事业单位标准，分别支付养老、医疗、工伤、失业、生育等各项社会保险待遇。民办学校按照国家、省、市、县级人民政府规定的缴费标准缴纳各项社会保险费，其中单位和个人应缴纳的社会保险费由民办学校和教师个人按规定比例承担。

（2）明确社会保险登记程序。民办学校在首次参保前，按照属地管理原则到当地社会保险经办机构办理社会保险登记手续，领取社会保险登记证。社会保险经办机构根据《社会保险登记管理暂行办法》及民办学校实际，设立事业单位社会保险和企业职工社会保险参保险种。民办学校办理社会保险登记后，应及时向管辖的社会保险经办机构办理其工作人员参保登记手续。民办学校的教师参加事业单位社会保险的，其所在学校需同时提供县级以上教育行政部门所辖的人才中心教育分部出具的人事代理合同书，以及民办学校人事代理教师参加事业单位社会保险联系的函。

（3）明确财政补助政策。对登记为民办事业单位法人的民办学校，如已落实教师社会保障政策，足额缴纳社会保险费的单位应缴部分，并落实当地民办学校教师工资指导线（最低工资）要求和相应的会计制度，可由当地政府通过购买服务的方式，根据民办学校在校生人数，按当地上年度生均教育事业费标准给予相应的补助：义务教育阶段补助比例为30%至50%，学前教育、高中段教育补助比例为20%至30%。

（4）明确社保流转机制。企业职工经批准调入民办学校，其已按企业职工缴费标准缴纳的社会保险缴费年限，与续交的社会保险缴费年限合并计算。民办学校教师退出教师岗位流动到企业工作的，其已按事业单位缴费标准缴纳的社会保险缴费年限，除养老保险缴费年限外，与续交的企业单位社会保险缴费年限合并计算，之前已缴纳的事业单位养老保险缴费年限，视同企业职工基本养老保险缴费年限。另外，参加事业单位社会保险的民办学校教师，被公办学校录用后，其已按事业单位缴费标准缴纳的社会保险缴费年限，与续交的社会保险缴费年限合并计算。

（五）吉林华桥外国语学院分类管理改革实践与探索：一所民办高校的非营利性运营探索

吉林华桥外国语学院是一所新兴的民办高校，从 1995 年创办之初，学校就确立了公益性的办学理念，坚持实行非营利性办学。2006 年，通过司法公证的形式，举办者放弃了对学校所有校产的所有权，承诺学校所有资产属于社会。这一举措，开启了我国非营利性办学的先河。2010 年 10 月，国务院办公厅印发《关于开展国家教育体制改革试点的通知》，确定该校为国家教育体制改革试点单位，承担"探索非营利性民办高校办学模式"改革试点任务，这也是全国唯一承担教育部民办教育分类管理改革试点任务的民办高校。试点启动后，吉林省和长春市政府对该校工作给予高度重视。中共中央政治局委员、原吉林省委书记孙政才，教育部袁贵仁部长和教育部，吉林省教育厅有关领导亲临学校考察和指导。吉林省政府召开常务会议，专门研究和落实推进该校改革试点的有关工作。中共吉林省委、吉林省政府在 2013 年 7 月 1 日颁发的《关于建设高等教育强省的意见》中明确提出，支持"吉林华桥外国语学院建成国内领先的民办大学"，并从相关政策、公共财政投入等方面给予强有力的支持。在三年多的试点改革中，吉林华桥外国语学院进行了以下几个方面的实践和探索。

1. 观念得到转变，形成了五点共识

经过改革试点，吉林华桥外国语学院对如何办好非营利性民办高校有了更加全面系统的认识和思考，形成了以下五点基本共识。

（1）明确营利性与非营利性民办高校的认定标准，是办好非营利性民办大学的前提。吉林华桥外国语学院在试点中对于如何进行分类形成了这样的共识，即是否把扣除办学成本之后的净收入分给机构成员，应作为区

分营利性与非营利性高校的最基本的标准。捐资办学和出资办学不求回报的，为非营利性民办高校；出资办学谋求回报的，是营利性民办高校。非营利性民办高校应登记为"事业单位法人"；营利性民办高校中出资办学、谋求合理回报的，应登记为"非企业法人"；其他营利性民办高校，登记为"企业法人"。

（2）完善学校内部治理结构，是办好非营利性民办大学的关键。近年来吉林华桥外国语学院围绕完善治理结构，进一步建立健全了一整套制度与机制。制度建设主要包括理事会制度、校务委员制度、监事会制度及财务管理制度、人事管理制度、民主管理制度的建立及完善等。机制建设主要包括决策机制、执行机制、监督机制、退出机制、权利救济与纠纷解决机制的建立和完善等。这些制度与机制的建立充分与国家层面的政策与制度有效衔接，这样就为非营利性民办学校设置了一个"防火墙"，确保其公益性和非营利性。

（3）提高人才培养质量和办学水平，是办好非营利性民办大学的根本目的。吉林华桥外国语学院坚持内涵式发展，面向市场办学，紧紧围绕学生的需求和社会需求，进行大胆探索和改革，构建了应用型人才培养体系。主要包括：①围绕经济社会发展需求，着力优化专业结构；②围绕人才核心能力，着力加强课程体系建设；③大力改善教学条件，着力构建实践教学体系；④深化教学改革，着力开展合作教育；⑤创新体制机制，着力加强教师队伍建设；⑥加强质量监测与评价，着力构建内部质量保障体系等，从而有效地促进了人才培养质量和办学水平的提高。

（4）各级政府和社会各界的支持，是办好非营利性民办大学的保障。非营利性民办大学不属于任何个人，而是属于全社会的公益资产。非营利性民办大学除了办学主体和资金来源不同于公立高校外，在办学的其他方面，与公办高校无异，非营利性民办高校应该与公立高校一样得到社会各界的理解和支持。非营利性民办大学提供的教育服务属公共产品或准公共产品。办好高水平非营利性大学，需要长期不懈的努力，任何个人都无法担当这一历史重任，因而特别需要社会各界的关心和理解，特别需要政府出台一系列政策，对营利性民办学校和非营利性民办学校实行分类管理、分类指导，给予不同的政策待遇和支持。只有这样，才可能形成非营利性民办大学可持续发展的长效机制。

（5）民办高校分类管理势在必行。以往国家及省层面对民办高校进行的是不加区分的"大一统"管理，这不利于引导民办高校坚持公益性和非营利性办学思想，不利于其举办者把工作精力和办学收入、办学资源全部用于民办高校自身发展，也不利于不同性质的民办高校形成鲜明的办学特色，提高办学水平和质量。因此，对民办高校实行分类管理，可以更加有针对性、更加有效地落实对民办高校扶持政策。

2. 通过改革试点，在政策上获得突破，促进了学校的发展

试点过程中，吉林华桥外国语学院得到了教育部和省委、省政府及省教育厅的关心和大力支持，在政策和条件上取得了较大的实质性突破。

（1）学校建设获得了政府公共财政支持。自 2011 年起，吉林省财政设立省重点高校专项资金（每校每年 500 万元），对该校给予公立省重点高校同样标准的重点扶持。2012 年起，吉林省政府决定，省财政连续三年对该校开展试点工作给予专项支持（按每年 3000 万元，为吉林省公立高校生均拨款的 25%）。

（2）在学科建设、职称评审、学生资助及税收减免等方面获得与公办高校的同等待遇。一方面，该校在省级重点学科（人文社科重点研究基地）、特色专业、精品课、优秀课、实验教学示范中心、大学生课外实践教学基地、优秀教学团队、教学名师等项目的遴选中，已经享受与公立院校和重点高校的同等待遇。另一方面，吉林省人事厅和教育厅批准该校具有教师系列专业技术高、中、低级职称独立评审和聘用权。同时，该校学生在学生资助政策方面享有与公办院校学生的同等待遇。另外，该校还享受与公立院校相同的各项免税优惠政策。

3. 在办学实践上实现了制度创新，推动了学校管理的科学、有序发展

（1）完善了非营利性民办学校内部治理结构。学院在制度建设上，健全了法人治理结构，建立了理事会、监事会、校务委员会、校党委、职工代表大会、工会等机构和组织，形成了较为完备的治理结构。规定了各机构和组织的责任和权利，通过学校章程等文件对各机构和组织的职责、职

权、义务及运行程序做出了规定，做到权责清晰。明确了各机构和组织之间的相互关系，形成了相互制衡、协调有序、运转高效的运行机制。

（2）制定了符合民办高校特色的管理制度。学院在管理上进行了三个方面的制度创新和完善。

一是建立了符合民办高校特点的人事管理制度。主要表现在人员聘用与管理、收入分配制度、绩效考核评价等。在教职工聘用管理制度上侧重科学定编，按需设岗，公开招聘，平等竞争，择优聘用，合同管理；在薪酬制度上，实行收入分配与业绩、能力挂钩并向教学一线和重要岗位倾斜；在绩效考核评价方面，按照岗位职责，建立以能力和业绩为导向的各类人员考核评价办法和奖励办法等。

二是创造性地使用了符合非营利性民办高校特点的会计制度。学校从实际出发，积极探索适用于非营利性民办高校的会计制度，在选择执行《事业单位会计制度》下的《高等学校会计制度》的过程中，在不违背总体原则的情况下，做了部分调整，使之更适应非营利性民办高校的实际情况。

三是全面实施标准化建设。学校遵循"严、精、细"的管理理念，在制定基本规章制度的基础上，建立了各管理环节和工作环节的质量标准及流程，进一步深化了学校管理的制度化、规范化、程序化和标准化，进而为实现学校管理的民主化、法制化奠定了更坚实的基础。

（3）创建了学校安全运行的控制和保障制度。一是建立了系统的办学风险监控制度。包括：建立了规范的预算管理制度、资金监控制度、贷款管理和投资控制制度、资产安全控制制度、信息安全和校园安全管理制度等。

二是建立了学校权利救济和纠纷解决机制。成立学校仲裁委员会和学生申诉处理委员会，并制定《仲裁委员会工作条例》和《学生申诉处理委员会工作条例》，保护教职工和学生的合法权益。

三是在制度中规定了学校退出的条件、程序等。

（4）通过试点改革，推进了非营利性民办高校法人身份的制度改革。通过深入研究，学校认识到非营利性民办高校是公益性事业单位，应登记为"事业单位法人"。为此，学校积极与政府有关部门协调，努力推进非营利性民办高校法人身份制度的改革。相关工作得到了吉林省有关部门的高度重视和大力支持，现已将该校办理事业单位法人登记的请示送达吉林省事业单位登记管理局。

作为全国唯一承担教育部民办教育分类管理改革试点任务的民办高校，吉林华桥外国语学院高举公益性旗帜，以承担改革试点任务为契机，紧紧围绕"办好高水平非营利性民办高校"这一核心目标，进一步完善了治理结构，拓宽了经费渠道，建立健全了自我发展、自我约束机制，更加坚定了"培养高层次应用型外语外事人才"这一定位，在实践教学、校企合作、教学改革等方面迈出更加坚实的步伐，人才培养质量明显提升，形成了良好办学声誉。试点启动以来，先后共有公、民137所高校到该校学习（其中民办高校56所）、考察，对该校积极建设有特色、高水平民办大学的做法给予充分肯定。2013年4月，该校秦和院长应邀在国家教育行政学院为"民办高校领导培训班"作专题报告，题目是"坚持应用型定位——千方百计办高水平非营利性大学"，受到与会代表的一致好评。学校通过近三年的改革试点，初步理顺了学校与政府、社会的关系，初步形成了与现阶段我国国情和民办高等教育发展阶段基本适应的非营利性民办高校办学模式，基本实现了改革试点预定目标，取得了显著成效。

二、民办教育分类管理改革实践探索的分析

综上所述，从三年来的民办教育分类管理改革实践看，各地政府和相关部门解放思想，从各自实际出发，不断深化改革，出台了一系列扶持与规范民办教育发展的政策措施，有力地改善了民办教育的发展环境。其改革思路都是将分类登记管理作为民办教育改革基础性工作的突破口，在此基础上，进而分别就财政支持、税费优惠、土地政策和投资回报等改革要素制定配套政策，形成科学合理的有区分度的政策体系，对民办教育的发展实现分类推动。其改革均表现出不同程度地提升了学校办学活力，促进

了民办学校健康、可持续发展，推动了民办学校依法办学、诚信办学、规范办学，大大降低了各类民办学校办学风险，吸进了社会资金加速进入民办教育领域等效果。

各地的改革试点呈现出一些共性，也表现出一些不同的认识和改革措施。对各地改革认识和措施的分析将有助于我们进一步加深对民办教育分类管理改革相关问题的探讨。目前，对于民办学校分类改革，在实践中还存在一些值得探讨的地方，应引起大家的认真思考，以利于改革的深化和取得实效。

1. 对实行民办教育分类管理改革还存在一定争议

虽然国家教育部开展民办教育分类管理改革试点已经进行了近三年，但对于什么是分类管理，如何引导合理分流等，在民办教育界仍未达成一致。即使在被定为试点的上海、浙江和深圳等地，因为对分类管理认识的不同，这一管理办法也未能贯彻彻底。据一项关于民办教育分类管理改革的调查显示，近20%的被访者认为现在对民办学校进行分类管理是有必要的，有近80%的被访者"不赞成"分类，认为"时机不成熟"。其中，许多民办学校的举办者或出资者并不希望进行分类管理，而大多数政府官员和校长都支持分类管理。关于分类管理也存在着较大的地区差异，在上海地区，72.31%的人认为时机成熟，而在浙江，这一比例只有21.82%，广东更只有7.14%。此外，在谈及强制推行分类管理、学校该如何选择的问卷调查时，民办教育发达的广东地区有35.71%的人选择"退出教育领域"①。这样的不同地域对民办教育分类管理的认识差异和状况，应引起足够的重视。

分析来看，民办教育分类管理改革之所以在民办学校投资人中遭反对比例较高，是因为这可能损害他们投资的利益回报。当前我国民办教育多为企业或个人投资办学，而属于非营利性质最彻底的捐资办学基础比较薄弱。实行分类管理后，非营利性民办学校的投资属于捐资，对投入学校的

---

① 瞭望东方周刊. 民办学校的分类争议［EB/OL］. (2011-10-11)［2014-07-10］. http://news.ifeng.com/society/5/detail_ 2011_ 10/11/9759200_ 0. shtml.

财产不保留或者享有任何权利，学校注销后剩余财产由主管部门转赠给其他学校继续用于办学或其他公益性非营利性活动。从温州实行分类管理改革的实践来看，已经参加分类登记的民办学校 405 所，其中登记为民办事业法人 370 所，登记为企业法人 35 所（主要是培训机构），这就是说注册为企业法人的营利性民办学校基本没有。这样看来，营利性民办学校就算存在，也是少数，相当多的民办学校，在政策的规制和引导下还是要走非营利性的办学道路。但是分类管理后，要求此类学校的举办者将原有投入学校的资产捐赠社会，在国家相关法规还不完善的情况下，这可能会削弱社会对民办学校的投资热情，甚至引发部分举办者退出，从而影响民办高等教育的发展。作为国家民办教育分类管理试点单位的吉林华桥外国语学院就提出，希望国家参照发达国家的做法，加快《教育捐赠法》的立法进程，对于捐赠给社会非营利性办学符合国家标准的民办高校给予在税收方面的优惠政策。

2. 简单划分营利性和非营利性不能满足分类管理的需求

在民办教育分类管理方面的理论研究和实践操作中，有学者建议将民办学校分为营利性民办学校、非营利性不要求合理回报的民办学校、非营利性要求合理回报的民办学校三种，来解决简单划分为营利性和非营利性造成的困境，有的地方在实践操作中也实行这一方法。但是，后面的划分方式实际上在迫使选择"非营利性"的学校不但不能获取"过程利益"，而且必须把自己的教育投资变成教育捐献，把学校的"终极资产"变成全社会的公共资产；选择"营利性"，虽然能获取"过程利益"和学校的"终极资产"，但由于土地不能得到"公益性"待遇，税收按照企业标准，学费不可能无限提价，招生数额计划也不能随意扩大，最后的结果是投资与营运成本大大增加，使得"过程利益"获取特别困难或不可能，这样极可能导致民办教育分类管理的失败，学校的"终极资产"最终则演变成对民办学校举办者权利事实上的"剥夺"和歧视。即使是登记为营利性民办学校，但由于相关政策的不协调，也面临生存和发展的困境。温州市在改革试点的过程中就提出：营利性民办学校得不到现行的《教育法》、《民办教育促进法》、《民办非企业单位登记管理暂行条例》等法规以及部门相应的规章政策的支持，合法性存在较大问题，面临着"非法办学"的尴尬状况。

3. 政府各部门之间的管理协调还不顺畅，难度较大

对民办学校实行分类管理改革后，政府相关配套制度的制定和实施就迫在眉睫，而这些配套制度的建立和完善则需要涉及财政、税务、发改、人力资源、社会保障、工商管理、人民银行等多个部门，各部门之间需要有极大的耐心和毅力开展协调合作，才能保证分类管理实践得以顺利的实现。但是现实中，各责任部门的协调难度非常大，尽管《教育发展纲要》和试点地区的改革意见都明确要求各部门在民办学校的分类管理中要发挥作用，但如果部门之间不能对现有制度和改革措施进行较合理的职能分工，民办学校分类管理就很难实现。同时，各部门之间协调不力也会导致对民办教育监管的不力。而行政管理层面政出多门，多头审批的现象，则极大地阻碍了民办教育的发展。如吉林华桥外国语学院就反映，在实际工作中要真正落实非营利性民办高校的"事业单位法人"身份，还有很多困难，需要有关部门摒弃传统观念，从支持非营利性民办高校健康发展角度予以落实和解决。上海市在试点改革中提出，由于上位法对操作性问题规定不够明确，且法律法规之间的规定有冲突和矛盾，地方制定分类管理配套政策遇到许多难点和障碍，委办局之间的管理权限也有模糊重叠的区域。民办教育的各条线管理体制不顺，困扰民办学校的进一步发展。民办学校管理部门之间的程序和职责需要调整，特别是教育、民政、工商等部门对营利性的非学历教育培训机构的管理制度需要细化。温州市通过试点改革，也感受到，民办教育分类管理改革试点涉及政策多、部门多、利益关系主体多，改革试点周期结束后，对未被采纳的遗留政策的修正、调整将会是一项很艰巨的工作。

第四章

发达国家私立教育分类管理的经验与启示

一、发达国家有关私立教育分类管理的政策

私立教育在世界许多国家都有着十分悠久的历史和传统，在有的国家，公立学校、非营利性私立学校和营利性私立学校并存，有的国家则在法律上不允许营利性教育机构的存在，但总的来说，私立教育可按照营利性和非营利性划分为两类，各国针对二者实行了不同的界定和管理政策。

（一）经济、社会、文化发展为私立教育分类管理提供了基础

近几十年来，在世界发达国家和地区，受公共选择理论、教育民营化、新公共管理等思潮的影响，包括公共教育在内的一系列公用事业的管理方式或公共服务的提供方式正在发生着微妙的变化，私立教育也日益表现出多样化发展趋势，"私校公助"、公-私合作伙伴关系、教育管理组织、营利性高等教育等一系列新事物涌现出来，这一方面促进了私立教育的蓬勃发展，另一方面也为政府对私立教育的管理带来新的挑战。

1. 完善的市场经济制度促进了教育的多样化发展

20世纪70年代末80年代初，公众对公共系统的僵化和低效日益不满，随着美国总统里根和英国首相撒切尔夫人的上台，新自由主义经济学开始推行。该理念主张"小政府"，要求政府削减对教育、医疗等社会服务的公共开支，反对国家对经济的全面干预，日益强调顾客、市场和竞争等因素在经济和社会发展中的作用，认为学生、家庭、雇主和政府是教育的消费者，学校所提供的服务必须满足消费者的需求，教育质量要根据消费者的满意度以及是否能够满足市场需求来做出判断。伴随着这一理念的盛行，发达国家教育市场化的呼声日益高涨，产生了教育的私营化和商业化改革。

（1）实行家长择校促进不同类型学校之间的竞争。私立学校的支持者认为，私营部门参与学校管理能够更具效率并且更好地回应家长需求。私立学校的校长相较于公立学校具有更多的自治权；私立学校具有教师招聘权，能够挑选更好的教师，并引进绩效激励机制；私立学校也能够根据学生的兴趣和能力对课程和教学方法进行调整；私立学校更具有成本意识，规章制度也更为灵活；由于需要吸引学生，私立学校往往对于家长和学生的需求更为敏感[①]。因为私立教育吸引到日益多的学生，所以很多国家的政府开始资助私立教育，实行"教育税减免"，并且鼓励包括家长、非政府组织和企业在内的私营部门对教育进行资助和管理。西方发达国家如美国、英国、澳大利亚、新西兰、加拿大、瑞典开始实行推行家长择校政策，将市场力量引入教育，通过学校间的竞争提高教育质量和满足家长的不同需求，促进不同类型学校之间的竞争，激励学校创新。该政策是以"教育券"的形式把原来直接投入公立学校的教育经费按照生均单位成本折算以后，以面额固定的凭证直接发放给家庭或学生，学生凭教育券自由选择政府所认可的学校（包括公立学校和私立学校）就读。家长择校政策在很大程度上促进了教育多样化发展，促进了政府对私立中小学的支持和资助，实际上鼓励了家长将子女送到私立学校就读。

---

① OECD. Public and private schools: how management and funding relate to their socio-economic profile [R]. Paris: OECD Publishing, 2012: 7.

（2）公共服务市场化带来营利性和非营利性教育管理组织的出现。在新自由主义思想影响下，一些国家在教育领域加强了公-私合作伙伴关系，通过"政府投入，私人管理"的方式实现公共服务的市场化，其目的是提高教育公平、促进教育质量，尤其是帮助边缘群体的学生接受良好的教育。世界上有很多种与私营部门签约的合同类别，有些政府仅与私人组织签订购买教师培训、管理、课程设计或者学校设备等教育投入方面的合同，有些签订的是管理和运行公立学校等教育过程方面的合同，还有一些签订的是为特定学生群体提供教育等教育产出方面的合同。政府购买的教育服务具体可分为这样几类（见表4-1）。

表4-1　教育合同类别

政府签约目的	政府购买的服务
管理、专业、支持服务（投入）	·学校管理（金融和人力资源管理） ·支持服务（校餐和交通） ·专业服务（教师培训、课程设计、教材提供、质量保障和补充服务）
运行服务（过程）	·学生教育、金融和人力资源管理、专业服务和校舍维护
教育服务（产出）	·私立学校中的学位（与学校签订合约招收特定学生）
设备维护（投入）	·基础设施和校舍维护

【数据来源】The World Bank. The role and impact of public-private partnerships in education［R］. Washington DC：The World Bank，2009：9.

20世纪90年代以来，在美国的教育改革中，以营利为目的的企业开始与公立学区和特许学校签订合约管理公立学校，公校私营正成为新一波的改革浪潮，席卷各地。在英国，政府也通过签约请私营组织运营一部分落后的地方教育局和学校。2005年，有14个地方教育局与私营组织或非营利信托签约委托其管理所属的落后学校。2010年，美国的爱迪生学校教育公司成功签约负责管理英国恩菲尔德区的落后学校——塞里斯伯瑞学校（现已更名为都灵格鲁学校）①。允许营利性的公司运行公立中小学或者获

---

① Institute for Public Policy Research. Not for profit：the role of private sector in England's schools ［R/OL］. (2012-08-07)［2014-02-10］. http：//www.ippr.org/publications/not-for-profit-the-role-of-the-private-sector-in-englands-schools.

得政府补贴有利于促进对私立教育的投入。政府通常对营利性学校进行严格的管制以保障它们将教育质量放在最优先的位置，包括提高学生的入学机会、鼓励创新、吸引新的资本投入和新的管理、提高教学以及技术能力。营利性私立教育（包括面向贫困学生的）在世界范围内的广泛出现，证明它在实践上已成为公立教育的有益补充。

（3）营利性私立高等教育开始兴起。20 世纪 70 年代，随着世界范围内高等教育财政危机的到来，高等教育市场化进程加快，教育产业与教育市场进入了全新的阶段。高等教育系统在两个层面上发生了重大变化：其一是公立大学的市场化；其二是私立大学中营利性和非营利性私立高校之间的分化日益明晰①。据估计，世界高等教育在校生数中有 30% 在私立高等院校，而在 20 世纪六七十年代，除了在美国、日本、韩国、菲律宾以及拉丁美洲的一些国家以外，私立高等教育的学生很少，这一增长不仅仅因为高等教育需求的增加，而且还因为很多国家对于高等教育需求日益多样化②。政府提供的高等教育不一定能够满足所有需求，例如，商业和计算机领域的就业增长所带来的短期培训需求、英语语言教学等，因此，私立高等教育向高速、多样化的方向发展，大量营利性私立高等教育机构纷纷在各国崛起，并且已在一些国家获得了合法的地位，如美国、菲律宾、巴西、南非、印度、澳大利亚、新加坡等③。

由于公立和非营利性教育领域的供给有限以及生均教育成本的上升，营利性高等教育在美国迅猛增长。1976 年开办的凤凰城大学在美国有 13 家上市高等教育公司，在世界其他国家如中国、印度、日本、马来西亚、韩国和新加坡有 19 家。所有的课程都在网上进行，在 200 多个的办学地点举行了 100 个副学士、本科、硕士和博士阶段的学习项目。凤凰城大学现

---

① 邬大光. 民办高等教育与资本市场的联姻——国际经验与我国的道路选择［J］. 教育研究，2003（12）：3-8.

② SANYAL B C, JONHSTONE D B. International trends in the public and private financing of higher education［J］. Prospects, 2011, 41：157-175.

③ 高晓杰. 美国营利性私立高等教育与资本市场［M］. 广州：广东高等教育出版社，2008：2.

今是美国最大的大学，2008 年，该校学生人数接近 50 万，收入接近 50 亿美元①。然而，营利性高等教育这一现象在其他国家还不多见，英国和澳大利亚分别于 2004 和 2005 年通过了允许开办营利性高校的法案，日本也在 2004 年才开始进行试点，马来西亚、菲律宾和新加坡则将营利性高等教育作为部分工作计划进行开展。

2. 宗教制度使资助非营利性私立教育成为一种慈善文化

西方发达国家工业化起步较早，经济发展水平较高，其慈善文化也源远流长，这种慈善文化以西方宗教和哲学为基础，是社会成员之间互助友爱的一种机制，对市场经济的运行起补充的作用，促进了教育等慈善事业大力发展。

（1）很多非营利性私立高校接受慈善捐赠而创立。在一些国家，宗教是影响私立学校存在和发展的一个重要因素。美国和英国的许多私立学校都是由教会创办的，荷兰 95% 的私立学校与宗教团体有关，法国和拉丁美洲有不少天主教办的私立学校②。亚历西斯·德·托克维尔（Alexis de Tocqueville）在其著作《论美国的民主》一书中曾指出，宗教慈善与私人慈善力量共同孕育了美国高等教育，并促进了美国高等教育捐赠发展③。美国最早的大学办学经费主要来源于宗教教派以及宗教人士的捐赠，哈佛大学、耶鲁大学、康奈尔大学、霍普金斯大学等美国"常春藤院校"就是接受捐赠而创立发展起来的典范。1638 年，一位叫约翰·哈佛（John Harvard）的牧师向学院捐赠了自己所有的图书和一半的财产，为了纪念哈佛的慷慨义举，学校更名为"哈佛学院"。1693 年，圣公会建立了威廉—玛丽学院；1701 年，公理会创建耶鲁学院；1891 年，由于洛克菲勒的捐赠，芝加哥大学得以建立④。进入 20 世纪以来，校友捐赠以及基金会捐赠开始流行起来，这些源于宗教慈善思想的捐赠兴学逐步形成了一种社会

---

① SANYAL B C, JONHSTONE D B. International trends in the public and private financing of higher education [J]. Prospects, 2011, 41：157-175.

② 刘建银. 准营利性民办学校研究 [M]. 北京：北京师范大学出版社，2010：127.

③ 亚历西斯·德·托克维尔. 论美国的民主（上卷）[M]. 董果良，译. 北京：商务印书馆，1996：36.

④ 邱关军. 文化视角下的美国高等教育捐赠 [J]. 民办教育研究，2009（5）：60-63.

风气。

（2）税收减免制度鼓励了社会向非营利性私立高校大量捐资。在受宗教因素影响的国家和地区里，也具有较为完善的与非营利性事业相关的税收减免制度，从而鼓励社会向非营利性私立学校大量捐资，进而使非营利性私立学校具有了良好资金来源①。发达国家教育经费支出中平均有12%的资金来自于社会捐赠，其中美国高达25%②。由于西方国家的遗产税数额非常高，如美国的遗产税就达到了50%，所以很多富豪都宁愿把自己的财产拿出来用做公益事业，美国非常著名的福特基金会、洛克菲勒基金会，都是富豪用个人名义创办的私人基金会；对于企业来说，慈善捐赠可以获得税收减免。比如在美国，如果一个企业向社会捐出善款数额超过应缴税收的10%，那么应该减免10%的税款，如果不到10%，则可以在税收里扣除已经捐出的善款；而对于从事慈善活动的非营利社会服务组织和基金会而言，可以享有政府给予的税收优惠③。

（二）发达国家私立教育分类管理的法律法规较为完善

法制化管理是发达国家私立教育的一大特点，很多国家关于私立教育的立法内容宽泛、体系完备、程序严格，为各级各类私立教育的发展提供了基础。不同国家私立学校的构成比例、法律地位、税收政策等各有特色，但均针对营利性和非营利性私立教育做出了严格的法律规定。世界各国在法律上对法人采取分类管理。从法的渊源来看，目前世界上存在着大陆法系和英美法系两大法系（见表4-2）。一般认为，法人制度起源于"罗马法"，但其正式确立却是在1900年德国制定颁布的《德国民法典》，其确立的法人分类模式是，首先将法人在性质上分为公法人和私法人，然后将私法人划分为社团法人和财团法人，继而又将社团法人分为公益法人和营利法人。这种法人分类的方法在大陆法系国家保持了高度的一致性，

---

① 刘建银．准营利性民办学校研究［M］．北京：北京师范大学出版社，2010：127.

② 金荣学，张迪，张小萍．中美高等教育捐赠税收制度比较［J］．教育研究，2013（7）：136-146.

③ 何汇汇．慈善捐赠的动机与行为激励［J］．商丘师范学院学报，2006（6）：149-151.

已经为许多大陆法系国家所接受①。在大陆法系国家，学校按照举办主体的不同，通常被区分为国立（公立）和私立两种类型。国立学校为"公营造物"或者公共公益机构的一种，属于公法调整的范畴；私立学校作为私法人的一种，则主要受私法调整与规范②。英美法系国家由于具有判例法传统，没有严格的公私法划分，但英美法系采用的信托制度替代了财团的功能，尤其是其中的公益信托，由信托人将自己的一部分财产交给受托人进行占有、使用、处分，将其收益供公共目的使用。而公益信托一旦设立，就与信托人和受托人的财产均相互独立，也就相当于这笔财产取得了独立的"法人资格"③。公益信托是传统的最古老的法律形式，目前已经很少采用，慈善公司或公益性公司则是当代英美国家采用比较多的对应大陆法系财团法人和公益法人的法律形式。在美国的私立高校中，还存在为数不少的营利性私立高等教育机构，这些营利性大学在申报时一般都按照公司法人对待，不但要依法照章纳税，还得不到各种基金、个人捐赠者、联邦政府、州政府以及地方政府的各种捐赠款，其收入主要来自学生交的学费④。

表4-2　两大法系的法人分类

	别称	代表国家和地区	法人分类
大陆法系	民法法系	法国、比利时、荷兰、波兰的部分地区、意大利、卢森堡、葡萄牙、西班牙、德国、希腊、意大利、瑞士、捷克、斯洛伐克、匈牙利、南斯拉夫、日本、韩国、中国	公法人和私法人；社团法人和财团法人；公益法人和营利法人
英美法系	普通法系判例法系	英国、美国、加拿大、澳大利亚、印度	公益信托、慈善公司、公益公司等公益性法人和公司法人

---

① 刘建银. 准营利性民办学校研究［M］. 北京：北京师范大学出版社，2010：132-133.

② 董圣足. 民办院校良治之道——我国民办高校法人治理问题研究［M］. 北京：教育科学出版社：25.

③ 董圣足. 民办院校良治之道——我国民办高校法人治理问题研究［M］. 北京：教育科学出版社，2010：22-23，27.

④ 理查德·鲁克. 高等教育公司：营利性大学的崛起［M］. 于培文，译. 北京：教育科学出版社，2006：57-58.

世界上一些国家或地区统一要求只允许具有非营利资格的私立学校存在，例如土耳其、约旦、印度尼西亚、印度、阿根廷、俄罗斯、罗马尼亚、意大利和我国的台湾地区。而在另外一些国家或地区，如荷兰、美国、英国、智利、日本、韩国、巴西、菲律宾、南非、津巴布韦、马来西亚和我国香港地区等，并没有禁止营利性的私立学校或教育机构的存在①。从各国的法律制度来看，许多国家的《私立学校法》规范的主要是非营利性私立学校，而营利性私立学校是一个营利社团法人，与《公司法》规定的营利性公司的法人性质没有本质的区别，主要受《公司法》的约束②。

1. 美国关于私立教育分类管理的政策

与世界大多数国家相比，美国私立教育发展的历史较短，但在办学理念、法制建设、管理体制等方面对世界教育的发展影响深远，成为世界许多国家仿效的范式。

（1）联邦宪法奠定了私立教育合法地位。美国是一个联邦制国家，其教育最显著的特征就是在联邦与各州实行分权制，这一制度已经得到宪法的确认。1791年《联邦宪法第十修正案》规定"凡本宪法未授予合众国而又未禁止各州行使之权力，皆由各州和人民保留之"。虽然管理教育的权力主要由各州政府行使，但是根据该宪法第1条第8项：国会有权为共同防卫和一般福利的目的征收赋税，即联邦政府有为教育而征税和在教育财政拨款的范围内立法的权力。据此，美国至今已经指定了有关教育的法律100多件，有力地推动了美国教育事业的发展。美国联邦宪法修正案第一条规定：国会不得制定关于确立国教或禁止信教自由的法律。该规定为教会创办私立学校奠定了宪法基础③。

（2）对设立营利性和非营利性私立学校规定不同的标准。由于美国没有成文的《私立学校法》，非营利性私立学校除少数采取公益信托形式设

---

① 刘建银. 准营利性民办学校研究［M］. 北京：北京师范大学出版社，2010：108-109.
② 刘建银. 准营利性民办学校研究［M］. 北京：北京师范大学出版社，2010：136.
③ 周梁云，穆美琼. 美国私立教育法律制度的特点及其借鉴［J］. 云南师范大学学报：哲学社会科学版，2006（5）：35-39.

立外，多数登记为公益法人①。美国多数州教育法律规定，在申请设立非营利性私立学校时，申请人必须向州政府有关部门提供下列文件：第一，向教育行政主管部门提供拟设立学校董事会成员名单、学校章程、经费来源、办学条件、校长人选、师资情况、课程设置、入学要求、学校管理、收费标准等文件；第二，学校建筑设施的安全条件和卫生、消防设施，需经州建设、卫生以及消防安全等行政部门检查批准后，方可开办、运行。营利性私立学校的设立基本上遵循公司的设立程序，但是也必须达到政府所规定的安全、卫生和消防标准②。而对于营利性私立学校来说，根据《美国标准公司法》，只要公司有公司章程，符合相关要求，并已在州务卿处登记，则公司被视为存在。公司章程主要内容包括公司的名称、公司存在期限、公司设立的目的、公司有权发行的股票总额及类别、公司初始办事处的地址，以及每个创办人的名称及初始董事会的董事人数、姓名及地址等③。

（3）对非营利性学校实行免税制度。美国是最早给予慈善活动以税收优惠的国家，美国《国内收入法典》通过免税、所得税豁免、捐赠减税等各种各样的税收优惠激励了慈善事业的发展。慈善组织经申请被确认慈善地位后将获得巨大的税收优待和社会信任，其依据是基于他们为社会创造了公共利益，减轻了政府创造这些公共利益的负担。根据《国内收入法典》的相关条款，凡符合条件的非营利性组织，经美国国内收入局核准认定后享有免税资格，其正常的所得免交公司所得税。正常的所得是指这些非营利性组织在从事非营利性事业中取得的所得，包括政府拨款、社会捐赠和服务性收入（包括会员费）④。而一个组织要想获得免税资格，必须满足以下几个方面的要求：第一，其成立完全出于非营利性目的；第二，其

① 刘建银. 准营利性民办学校研究［M］. 北京：北京师范大学出版社，2010：138.

② 刘晓明，罗沙沙. 美国私立学校分类管理的政策解读及启示［J］. 职教通讯，2012（10）：48-51.

③ 高晓杰. 美国营利性私立高等教育与资本市场［M］. 广州：广东高等教育出版社，2008：101-102.

④ 马磊. 慈善税收优惠制度对大学教育基金会发展的影响研究［D］. 上海交通大学，2012：15-16.

经营主要为达到规定的非营利目的；第三，不得为个人谋取利益①。美国《国内收入法典》501（C）（3）条款还依据各个非营利性组织的活动宗旨，对25种可享受所得税豁免的组织进行区分细化，并最终归结为公益性组织和会员服务性组织两类，明确其法律地位。法典中规定了对免税组织的优惠分为两种，一是对免税组织自身的优惠；二是给予向免税组织捐赠的机构和个人以税收优惠。美国《国内收入法典》501（C）（3）条款下的公益组织包括宗教组织、慈善组织、教育机构②。因此，不仅非营利性私立教育机构、公立教育机构能够享受免税的待遇，对学校捐赠过的个人和团体同样享受相应的免税优惠政策。而对于营利性教育机构来说，根据《美国标准公司法》第132条的规定，营利性私立高等教育机构不享受免税的待遇，必须向州务卿缴纳相关的特种税③。

（4）政府对营利性和非营利性学校实行不同的经费资助政策。1972年以前，营利性学校不能享受联邦政府和州政府方面的一些优惠政策。如美国1958年的《国防教育法》规定"向非营利性的私立学校提供贷款"，又在1963《国防教育法》中规定了向公、私立非营利性大学设施提供联办补助金和贷款，以促进以自然科学、数学、现代外语和工程学为对象的教育研究和图书馆建设④。直到1972年，重新审议的《高等教育法案》将学生接受贷款的资格扩展到由营利性私立高等教育机构所提供的短期培训等，赋予了在营利性私立高等教育机构入学的学生同传统院校的学生一样享受联邦政府的"第四款"计划（Title IV）资助的权力，并在教育部成立了营利性私立高等教育机构联络处⑤。该法案通过佩尔补助金等项目增加了学生补助的类型和数量，规定了所有家庭经济困难的学生，无论是在何种类型的学校学习，只要符合Title IV条件的规定，都可以加入资助计划，接收联邦政府的资助和贷款。这一政策为营利性私立高等教育机构提供了一

---

① 高晓杰. 美国营利性私立高等教育与资本市场 [M]. 广州：广东高等教育出版社，2008：31.
② 金荣学，张迪，张小萍. 中美高等教育捐赠税收制度比较 [J]. 教育研究，2013（7）：136-146.
③ 高晓杰. 美国营利性私立高等教育与资本市场 [M]. 广州：广东高等教育出版社，2008：31.
④ 谢安邦，曲艺. 外国私立教育 [M]. 北京：中国社会科学出版社，2003：179.
⑤ 高晓杰. 美国营利性私立高等教育与资本市场 [M]. 广州：广东高等教育出版社，2008：86.

个与公立和非营利性私立院校竞争的平台，许多传统的营利性高等教育机构在办学层次上都有了较大的提高，经过认证的营利性私立高等教育机构的数量也逐渐增加。

（5）明确承认营利性大学的合法身份。1996 年，美国高等教育部对《高等教育法》进行了修订，将中学后高等教育机构正式划分为三类：公立高等教育机构（public institution）；私立非营利性高等教育机构（private not-for-profit institution）；私立营利性高等教育机构（private for-profit institution）。自此，营利性大学有了统一和独立的官方界定，在美国中学后高等教育机构中获得了正式身份。1996 年《高等教育法》规定，营利性大学要得到教育部承认并纳入正规高等教育机构行列需符合以下条件：教育机构必须开设学士学位或者准学士学位以上的课程，课程授课时间至少 300 个学时，要得到教育部承认的认证机构的认证，学校至少开办两年，并且要和教育部签署加入协议①。该法一方面承认了营利性大学在高等教育机构中的合法身份，另一方面使营利性大学从此被正式纳入到联邦助学贷款的系统，极大促进了营利性大学的发展。

美国私立教育分类管理的政策配套完善，为了鼓励社会捐赠教育，除教育法外，美国还通过《美国慈善法》、《国内收入法典》等一系列配套法律，对非营利性教育实施税收减免，对于营利性教育机构通过《美国标准公司法》进行了法律规范，并通过《高等教育法案》在联邦和州的层面制定奖学金资助政策，保障了营利性大学的生源。

2. 英国关于私立教育分类管理的政策

英国的传统观念认为，教育是公民个人的权利，国家不应干涉，学校应由私人开办，受控于教会或慈善团体，在此影响下，英国的私立教育获得了得天独厚的发展条件。随着国家对教育的介入，一系列法规政策保护了私立教育的发展。

（1）赋予私立学校以合法地位。1902 年，英国通过了著名的《巴尔

---

① 理查德·鲁克. 高等教育公司：营利性大学的崛起［M］. 于培文，译. 北京：教育科学出版社，2006：58.

福法案》（Balfour Act），使学校的管理权限划归地方政府，初等教育和中等教育的经费来源靠集中税收来完成，加强了国家对教育的控制。该法案认可了多种类型的学校，一类为国家资助并由地方议会管理叫作"公立学校"，第二类为私人和教会组织支持并管理的叫作"私立学校"。私立学校的经费主要来源于部分税收和其他资金的资助，《巴尔福法案》从法律上确认了私立学校的存在及其地位。1944 年，国会又通过了《巴特勒法案》（Butler Bill）（又称《1944 年教育法》），在保留《巴尔福法案》所认定的双重教育制度的同时，进一步确立了私立学校在学校制度中的重要地位。由于历史的原因，英国私立学校在基础教育阶段的发展主要有两种类型：一种是源于 18 世纪的教会和私人开办的学校，主要面向社会下层和一般民众的子女，一般受到国家资助，另一种是源于中世纪的公学，它纯粹由私人办学，不接受国家津贴①。《1944 年教育法》把两种类型的私立学校统称为独立学校。

（2）规定私立学校的设立办法。《1944 年教育法》规定无论是原有的还是新办的（私立）学校，都须依法律要求向教育部登记注册，从而国家对（私立）学校进行了更为严密的监督，进一步加强了国家对私立教育的管理。该法规定"'大臣'应任命一位官员为（私）学校注册员，负责登记所有私立学校，并在任何适当的时候接受公众的检查"②，（私）学校必须在英格兰的教育与就业部、威尔士的威尔士教育部国民大会或者北爱尔兰的教育部进行注册。必须满足与场所、容宿、教育和员工等相关的要求。（私）寄宿学校必须满足其他的条件。学校必须保留入学和出勤登记簿，并向主管部门进行年度汇报，汇报内容包括统计资料和其他信息③。在高等教育阶段，英国传统的私立大学大多数经枢密院批准、根据皇家宪章建立，并得到议会法案的确认，还有一些私立大学则是在公司的保证下

① 谢安邦，曲艺. 外国私立教育 [M]. 北京：中国社会科学出版社，2003：104-105.
② 国家教育委员会政策法规司. 部分国家和地区私立学校法规选编 [M]. 北京：北京师范大学出版社，1993：176.
③ Eurydice. Private education in the European Union: organization, administration and the public authorities' role [R/OL]. (2010-09-28) [2014-02-12]. http: //www. indire. it/lucabas/lkmw_ file/eurydice///istruzione_ privata_ 2000_ EN. pdf 152：132.

建立的，这类学校的治理体制要受到宪章或章程、议会法案或备案录以及公司章程的限制①。

（3）政府对私立教育进行经费资助。英国私立学校一般由捐赠、资助和所收学费等维持学校运行，但政府也给予一定的资助。1985 年，教育白皮书《把学校办得更好》（The Better Schools）中提出：私立学校是国民教育体系的一个组成部分，国家对私立学校负有一般性责任，并有一定的义务保证这些学校达到最起码的标准；国家给私立学校以资助，但希望学校不要过分依赖政府的资助；家长拥有选择子女入公立学校还是私立学校的权力，如无力负担私立学校高额的学费可以得到一定的学费补助②。20 世纪 80 年代，撒切尔政府就曾经实行"学额补助计划"，用公共经费资助有学术能力但经济困难的学生进入私立学校就读。

（4）非营利性教育机构不得将利润用于分配红利。在英国，除少数历史较为悠久的非营利性私立学校采用公益信托制度设立外，多数则登记为具有非营利性质的"公益慈善公司"③。英国 1601 年出台的《慈善法》和《救济法》是世界上较早的专门规范非营利性组织和行为的法规。1960 年，英国颁布了《1960 年慈善法》（The Charities Act 1960），依照 1853 年《慈善信托法》成立了慈善委员会，并于 1987 年、1993 年、2006 年及 2011 年对该法进行了修订。在英国，无论慈善组织是否登记，只要它是以慈善为目标，就已经是一个慈善组织，具有非营利性地位，绝大多数慈善组织都必须在慈善委员会登记，但是绝大多数的大学和教育机构由于被其他政府机构监管而不需登记。慈善组织不得将利润用于分配红利，所有支出都必须用于慈善目标，这一原则适用于工资及其他支出④。

（5）非营利性教育机构能够获得税收优惠。根据《慈善法》，慈善组织免缴大部分直接税种。在所得税方面，慈善组织来自于补贴、捐赠以及

① 陈列. 市场经济与高等教育［M］. 北京：人民教育出版社，1998：47.
② 谢安邦，曲艺. 外国私立教育［M］. 北京：中国社会科学出版社，2003：105.
③ 邵金荣. 非营利组织与免税——民办教育机构等社会服务机构的免税问题［M］//刘建银. 准营利性民办学校研究. 北京：北京师范大学出版社，2010：138.
④ 刘坤. 英国慈善组织的法律形式及其登记管理［J］. 社团管理研究，2011（2）：56-59.

类似收入都不需要缴税。《慈善法》允许慈善组织在实现首要目标的过程中进行商业活动。只要被用于慈善目标，"首要目标商业活动"获取的收入是免税的（但不一定免征增值税），投资收入和资本收益免税。慈善组织的投资收益（包括租金）也是免税的。来自企业或个人的捐款都可以免税，这也包括国外的捐赠。会员的认捐如果在本质上是捐赠，也是免税的。如果捐赠使捐赠者获取经济利益，这种行为将被视为是商业活动，也应该缴税①。

3. 澳大利亚关于私立教育分类管理的政策

澳大利亚的私立教育颇为发达，备受家长和学生的青睐，特别是在基础教育领域。澳大利亚的私立学校主要是在宗教和各种特殊教育需要的基础上发展起来的非营利性学校，其中大部分是天主教学校，由全国天主教教育办公室统一管理，其余是基于其他教派和特殊社区教育需要而举办的学校，称为独立学校（Independent School）。

（1）政府对私立教育进行经费资助。20 世纪 70 年代，澳大利亚通过了《卡梅尔报告》，联邦政府在报告中表明了对私立学校进行系统、稳定的经常性经费资助的态度。1990 年，澳大利亚颁布了《1990 年教育法》（Education Act 1990），该法为直接资助私立教育提供了坚实的法律基础。《1990 年教育法》规定：第一，各政府部门可以为私立教育提供经费资助；第二，私立学校的生均经常性资助以公立学校生均经常性资助的一定比例来计算；第三，在评估教育公立学校学生所需的生均成本时，提供给公立和私立学校的所有费用均不计算在内；第四，生均经常性资助根据学校的需求来分拨；第五，资助可以直接给学校，也可以拨给管理学校的组织②。2003 年 12 月，澳大利亚议会通过了《2003 年高等教育支持法案》（Higher Education Support Act 2003），并于 2005 年正式实施。该法案规定接受拨款的高等院校除了传统和新建的 39 所公立大学以及与教会或国家重要领域有关的私立大学以外，没有被列入拨款名单的高等院校也可以提出申请，被

---

① 刘坤.英国慈善组织的法律形式及其登记管理［J］.社团管理研究，2011（2）：56-59.
② 陈驾.澳大利亚私立学校的产生和发展简析［J］.外国中小学教育，1998（2）：16-35.

认证合格后接受某项拨款，这也给新发展的私立高等院校接受一定的公共资助提供了机会①。

（2）建立私立培训机构资格认证制度。2001 年，澳大利亚实施了《职业教育和培训法案》，该法案规定，任何机构和个人都可申请开设职业培训课程。国家职业培训局根据《职业教育和培训法案》所确定的标准，对私立培训机构进行资格认证。私立培训机构一旦获得认证，就可在全国范围内开展职业教育培训活动，并有权颁发全国通行的职业资格证书。国家职业培训局还对职业培训机构进行定期和不定期审查，审查不合格的，取消其培训资格。私立的职业教育和培训机构经国家质量培训框架认证而成为注册培训机构（registered training organization），国家给予启动经费，或采取提供建筑资金或设备的形式予以支持。

（3）非营利性组织可获得税收优惠。澳大利亚政府对非营利性组织的管理已经形成一套完善的法律。澳大利亚《2003 年慈善法》对非营利性机构进行了定义：第一，该机构在运行或中止过程中均不以为特定个人包括机构所有者或成员获取利润为目的；第二，该机构在运行或中止过程中不在特定个人之间分配利润或资产②。非营利性组织主要分为三种：慈善组织、减税免税捐赠接收机构和其他非营利性组织，包括为促进卫生、教育、宗教、文化、自然环境、社区利益的均属于慈善活动。根据澳大利亚税法，联邦税务局负责对非营利性组织的所得税减免，地方税务局负责对非营利性组织的土地税、财产税、销售税的减免。从事教育、宗教、公益、福利、慈善、科技类的非营利性组织享受免税。非营利性组织接受捐款和会费收入免征所得税。一般非营利性组织从事一些与宗旨相关的经营服务性活动，如基金会与商店为慈善共同销售某种商品等，收入是免税的。但要求所有免税的

---

① 祝怀新，李玉静．澳大利亚高等教育资助制度改革新策略——《2003 年高等教育支持法案》解析［J］．高等教育研究，2005（3）：98-102.

② The Parliament of the Commonwealth of Australia. Charities Bill 2003. No., 2003（Treasury）．［EB/OL］．［2014-01-13］．http：//www.taxboard.gov.au/content/reviews_ and_ consultations/definition_ of_ a_ charity/draft_ legislation/downloads/charities_ bill.pdf.

收入必须用于与章程所规定的宗旨相符的事业，不能分给任何成员①。

（4）非营利性组织需按规定进行注册并接受监管。2012 年，《澳大利亚慈善及非营利委员会法案 2012》（Australian Charities and Not-for-profit Commission Bill 2012）得到通过，该法案对非营利性机构的定义、设立、注册、职责、治理标准等做出了具体规定，此外，还成立了澳大利亚慈善及非营利委员会（The Australian Charities and Not-for-profits Commission，简称 ACNC），负责慈善机构的注册和管理，已在税务局注册的具有免税资格的慈善机构不需要重新注册。慈善及非营利委员会成立注册处，该处在网上发布注册机构的名称、联系方式、注册类型、治理规则、负责主体、财务状况等相关信息。所有的注册慈善机构均必须向 ACNC 提交年度信息报告，非财务信息包括：①谁受益于该慈善活动；②过去 12 个月中该机构如何实现其主要目标的；③未来 12 个月计划如何实现其主要目标；④关于员工和志愿者人数的信息。大中型注册慈善机构还必须提供年度财务报告②。

4. 日本关于私立教育分类管理的政策

为了促进和保护私立教育的健康发展，日本先后制定并颁布实施了许多与私立教育有关的法律，除了一些国家基本法外，私立教育的专门法律有 1949 年的《私立学校法》，后来又颁布了《私立学校法施行令》、《私立学校法施行规则》，以及《私立学校振兴援助法》、《私立学校援助法施行令》等，这些法律涉及私立学校的各个领域，主要包括性质、登记、管理、资助等。

（1）确立私立教育的公共性。1947 年《教育基本法》规定："法律承认的学校，是具有公共性质的。因此，除国家和地方政府外，只有法律所规定的法人可以开办学校。"这就明确规定了私立学校的公共性，从而将私立学校与国立、公立学校同等地看作是担负公共教育职能的机构。《私

---

① 李勇．美国、澳大利亚非营利组织管理工作考察报告［EB/OL］.（2007-02-02）［2014-01-30］. http：//www. bdstar. org/article/class31/ygzslm/200702/4002. html.

② Association of Independent Schools of South Australia. Not-for-profit reform：information for South Australian independent schools［R/OL］.（2012-10-05）［2014-03-01］. http：//www. ais. sa. edu. au/_files/f/132586/Not% 20for% 20Profit% 20Reform% 20Information% 20for% 20SA% 20Independent% 20Schools. pdf.

立学校法》是日本最重要的教育法规之一，自 1949 年颁布以来，已进行了 23 次修改。《私立学校法》的第 1 条即规定"鉴于私立学校的特性，通过尊重其自主性，提高其公共性，而谋求其健全发展"①，因而确立了私立学校的自主性、私立学校的公共性和政府资助私立学校三条基本原则。

（2）政府与社会对私立教育进行经费援助。《私立学校法》公布之后，日本文部省又相继颁布了一系列的配套法规，如 1950 年下发了《私立学校法施行令》和《私立学校法施行规则》。随后，日本政府于 1957 年又制定了《关于给予私立大学研究设置国家补助的法律》、1970 年制定了《日本私学振兴财团法》等相关法律。1975 年，日本颁布和实施了《私立学校振兴援助法》，进一步明确了援助的方式和条件依据，使国家对私立学校的资助有了法律保障，该法规定"对设置大学或高等专门学校的学校法人，就该校教学与研究上的经常性费用，国家可补助二分之一以内"，"对学校法人以其所设学校学生为对象而从事的学费借贷事业，国家或地方公共团体可提供贷款或其他必要的援助"，国家或地方公共团体还可对学校法人"提供补助金，或以更为优惠的条件提供贷款，出让或租借财产"②。这些法律的出台使日本私立学校获得了补助、借贷、税收等各种形式的援助。

（3）制定私立学校的设立标准。1949 年《私立学校法》颁布以前，日本私立学校主要依据《民法》关于财团法人的规定而设立。一般把根据《民法》第 34 条设立的财团法人和社团法人称为公益法人。公益法人的设立必须要满足三个条件：一是要从事有关公益事业；二是要不以营利为目的；三是要得到政府主管部门的批准。除财团法人和社团法人为公益法人外，从广义上理解的公益法人还包括依据专项立法批准设立的公益法人，如学校法人、社会福利法人、医疗法人和宗教法人，等等。

1949 年《私立学校法》实施后，私立学校必须由学校法人开设。学校

---

① 国家教育委员会政策法规司. 部分国家和地区私立学校法规选编［M］. 北京：北京师范大学出版社，1993：1.

② 国家教育委员会政策法规司. 部分国家和地区私立学校法规选编［M］. 北京：北京师范大学出版社，1993：34.

法人的设立必须遵守《私立学校法》第 30 条的要求，在制定好"捐款行为"规则后，向法令制定的审批机关提出审批申请，同时也要遵照《民法》第 30 条、第 42 条以及第 51 条关于捐赠和财产的规定①。在日本，无论战前还是战后，私立学校的设置者都必须是公益法人，只是所依据的法律由《民法》规定的公益法人——财团法人，变成了特别法《私立学校法》规定的公益法人——学校法人②。

（4）私立学校在税制上享受优惠。日本《民法》中有关"法人税法"以及公民的纳税义务的相关条款规定，如果国内法人（或个人）为了教育与科学振兴、文化繁荣、社会福利以及促进其他社会公益性事业的发展而捐献资金，一律视为公益性捐款。公益性捐款可以按规定享受免税或减轻税率的政策优惠③。按照日本税法规定，公益法人在税收上享受的优惠有：①接受的捐赠资金免交所得税；②基本资产以及获得捐赠款所产生的利息收入免交所得税；③从事的主营事业收入免交所得税；④免交法人税；⑤免交继承、馈赠以及赠送所得财产的财产税④。公益法人如果具有特定公益增进法人资格，或者向财务大臣指定的受捐团体捐赠，可从盈利中扣除其捐赠部分后计算纳税额度。日本《私立学校振兴援助法》也明确提出："为有助于私立学校教育的振兴，国家和地方公共团体应努力采取必要的税制措施，以便于学校法人从社会募捐。"⑤

（5）允许私立学校在一定条件下从事营利性事业。在日本，《特定非营利活动促进法》、《私立学校法》、《社会福利团体法》、《宗教团体法》、《医疗法》、《日本公益社团法人和公益财团法人认定法》、《日本关于指导监督公益法人经营的标准》以及相关税法均允许公益性社会组织从事营利

---

① 国家教育委员会政策法规司 . 部分国家和地区私立学校法规选编［M］. 北京：北京师范大学出版社，1993：8.

② 中国驻日本大使馆教育处 . 日本的公益法人制度与私立学校的运营［J］. 世界教育信息，2004（1-2）：34-36.

③ 田辉 . 日本关于公益捐款减免税的有关政策规定［J］. 世界教育信息，2002（5）：6.

④ 中国驻日本大使馆教育处 . 日本的公益法人制度与私立学校的运营［J］. 世界教育信息，2004（1-2），34-36.

⑤ 国家教育委员会政策法规司 . 部分国家和地区私立学校法规选编［M］. 北京：北京师范大学出版社，1993：35.

性活动，并要求由收益事业带来的利润，除了保证该经营主体正常的管理开支之外，所有余额应用于公益事业活动①。为了使公益法人开展的公益事业有充分的经费保障，日本《私立教育法》第26条规定，"为将盈利用于辅助私立学校办学，学校法人可在不影响所设私立学校教学的情况下，从事以获得盈利为目的的事业"②。但该活动的经营范围限定在《法人税法》规定的33种经营活动内，并且享受低税率的优惠。另外，公益法人开展的经营收益性事业，在以捐款的形式将其收入回流到主营事业——公益事业时，可以免交所得税。其额度，财团法人最多为收益事业年度收入的20%，学校法人最高可以达到50%。收益事业的会计账目必须与公益法人的会计账目分开计算，两者不得混淆③。根据《私立学校法》，当以下情况发生时，盈利事业将遭到停办：①该学校法人从事捐款行为规定之外的事业；②该学校法人未将其从盈利事业中取得的收益用于所设私立学校的经营；③继续进行盈利事业将影响该学校法人所设私立学校的教育④。

（6）举办者不能在私立学校解散清算后分配剩余财产

对于私立学校撤销后剩余财产的归属，日本《私立学校法》第51条规定：①在向管辖者提交撤销后的学校法人的剩余财产清单时，除合并与破产外，根据捐款行为的规定，剩余财产须归属应归属者；②根据前款规定不能予以处理的财产归属国库；③为赞助私立学校教育，国家须将根据前款规定应归属国库的财产（除现款外）转让或无偿借与学校法人。但国家亦可将相当于该财产价值的金额作为补助贷出⑤。可见，私立学校的举办者或设立人不能在机构解散清算后分配剩余财产。

（7）设立营利性高等教育试点。随着高等教育民营化地不断推进，在

① 杨道波.公益性社会组织营利活动的法律规制［J］.政法论坛，2011（4）：156-158.
② 国家教育委员会政策法规司.部分国家和地区私立学校法规选编［M］.北京：北京师范大学出版社，1993：7.
③ 中国驻日本大使馆教育处.日本的公益法人制度与私立学校的运营［J］.世界教育信息，2004（1-2）：34-36.
④ 国家教育委员会政策法规司.部分国家和地区私立学校法规选编［M］.北京：北京师范大学出版社，1993：15.
⑤ 国家教育委员会政策法规司.部分国家和地区私立学校法规选编［M］.北京：北京师范大学出版社，1993：13.

日本也出现了营利性大学。2003 年《结构改革特别区域法》对营利性私立学校或大学的设置做出了相关规定：首先，企业寻求可以接受企业办学的地方自治体，两者达成共识后企业或非营利组织（NPO）法人要向地方自治体提出设置"构造改革特区"的申请，得到地方政府和内阁总理大臣的认定之后，正式设立教育改革特区，为营利性大学的设立和生存准备空间和制度环境；其次，改革特区所在的地方政府查核申请设置营利性学校的企业的资质，在此基础上向内阁总理大臣提出申请并得到认可后，即可诞生"学校设置会社"。在教育改革特区准备完备后，营利性大学的设置则可以进入实质性阶段，即由相关主管部门对企业或 NPO 法人设置的学校或大学进行审核，通过后即可招生办学①。营利性大学不在《私立学校法》和《私立学校振兴援助法》的统辖对象之内，不能够享受与学校法人所设立的私立学校同等的政府资助和税制优惠。《结构改革特别区域法》为日本营利性大学的产生和发展提供了制度环境。

二、发达国家私立教育分类管理的典型经验

发达国家在成熟、完善的经济制度和法律制度的影响下，形成了私立教育多样化发展的局面，满足着人们多样化的教育需求，在营利性和非营利性分类管理方面的一些典型经验值得我们学习。

（一）营利性和非营利性私立教育的经费资助案例

1. 澳大利亚：对非营利性私立中小学实行基于"社会经济背景"的经费资助

澳大利亚私立教育的迅速发展，得益于其较为完善的私校公助政策。澳大利亚的私立学校分为天主教学校和独立学校。在澳大利亚的择校政策下，家长可以选择送孩子去哪种类型的学校就读。所有类型的学校都能够

---

① 李建民. 日本营利性大学的产生、发展与现状 [J]. 浙江树人大学学报, 2011 (11)：18-35.

从联邦、州和地方政府获得经费资助，所有学生根据个体需求均有权获得政府的经费资助。因此，日益多的澳大利亚人送孩子到私立学校就学。2007—2011 年，澳大利亚就读公立学校的学生比例从 66.6% 下降为 65.4%，而就读天主教学校的学生比例从 20.1% 上升为 20.5%，就读独立学校的学生比例从 13.3% 上升为 14.2%[①]。根据澳大利亚法律，所有中小学均为非营利性的。

（1）实行基于社会经济背景的经费资助体系。自 2001 年起，澳大利亚政府对私立学校实行基于社会经济背景的经费资助体系。该资助方式将学生地址数据与澳大利亚人口与住房调查数据相结合以测量学校所在社区对学校的支持能力。"社会经济背景（SES）"分值为 85 分或以下的学校由澳大利亚政府按照公立学校事业费平均值（Average Government School Recurrent Costs，简称 AGSRC）的 70% 进行资助。社会经济背景分值达到 130 分或以上的学校按照公立学校事业费平均值的 13.7% 进行资助。而分值在二者之间的学校则按照每所学校具体的社会经济背景分值获得相应比例的资助[②]。2001 年在社会经济背景资助体制下获得较低经费标准的学校能够继续保持 2000 年的生均经费水平，并且每年随公立学校事业费平均值的增长而增长。在每一个新的资助周期，重新根据最新的人口与住房调查数据计算所有私立学校的社会经济背景分值。因此，2005—2008 年以及 2009—2012 年，该分值得到了重新计算。那些保持 2000 年生均经费水平的学校如果在重新核算后的经费仍然较低，则可以继续保持原来的经费水平。除此之外，对于那些在新的资助周期社会经济背景分值升高的私立学校，实行过渡经费保障政策。这些学校可以保持原有的经费水平，直到在社会经济背景升高时获得的经费水平大于或等于社会经济背景分值较低时的经费水平。因此，学校所获得的经费资助水平有三种情况：依据社会经济背景分值获得资助，保持原有的经费水平或者得到过渡经费保障。

---

① Australian Curriculum, Assessment and Reporting Authority. National Report on Schooling in Australia 2011 [R]. Sydney: ACARA, 2013: 53.

② Australian Curriculum, Assessment and Reporting Authority. National Report on Schooling in Australia 2011 [R]. Sydney: ACARA, 2013: 119.

（2）不同类型的学校对于政府经费均有所依赖。澳大利亚私立学校办学经费的 40% 来自联邦政府，其余来自各州和地方政府的经费支持以及学生的学费①。公立学校从州或者区域政府获得的经费比例较高，而私立学校则从联邦政府获得较高比例的经费。公立学校主要依赖政府拨款，而私立学校还通过学费获得收入。2009—2010 财政年，在澳大利亚的私立学校中，天主教学校从联邦政府和州/区政府获得的生均经费为 11303 澳元，占收入比例的 77.04%，独立学校从联邦政府和州/区政府获得的生均经费为8929 澳元，占收入的 48.54%。天主教学校和独立学校从私人来源获得的经费比例分别为 22.96% 和 51.46%。天主教学校很大程度上依赖于联邦政府拨款（62.60%），而独立学校相对依赖私人经费来源（51.46%）（见表4-3）。

表4-3　2009—2010 财政年澳大利亚不同类型学校生均经费来源情况

经费来源	公立学校		天主教学校		独立学校	
	生均经费数（澳元）	所占比例（%）	生均经费数（澳元）	所占比例（%）	生均经费数（澳元）	所占比例（%）
澳大利亚联邦政府拨款	1553	10.80	9184	62.60	7057	38.36
州/区政府拨款	12827	89.20	2119	14.44	1872	10.18
私人经费	0	0.00	3368	22.96	9468	51.46
总计	14380		14671		18397	

【数据来源】Australian Curriculum, Assessment and Reporting Authority. National Report on Schooling in Australia 2011 [R]. Sydney: ACARA, 2013: 120.

私立学校虽然不得获取利润，但需要收取学费用以维持可持续、高质量教育所必要的支出。近年来 AGSRC 的统计表明，教育成本的增速持续超过 CPI，这表明为学生提供高质量教育的成本大大增加，因此，私立学校学费也不断上涨②。私立学校根据提供给学生服务的不同设置自身的学

①　杨蔚琪. 澳大利亚私立中小学公共资助政策研究——以新南威尔士州为例 [J]. 世界教育信息，2008（6）：21-25.

②　Independent Schools Victoria. Facts, figures and funding [EB/OL]. (2013-07-18) [2014-03-05]. http://is.vic.edu.au/independent/facts/numbers.htm.

费标准，主要考虑这样几个因素：①提供教育和课外活动服务的运行成本（operational costs）；②维护和改善学校建筑和设备的资金支出；③从政府获得的经费资助。除此之外，学校还需要考虑家长对学费上涨的负担能力，在学费上涨和教育服务（尤其是课外活动）之间做出权衡。例如，2012 年，澳大利亚维多利亚州共有 1535 所公立学校，698 所私立学校。私立学校中有 486 所天主教学校，212 所独立学校。私立学校数量约占三分之一，接收了维多利亚州约 36% 的学生。41% 以上的 11 年级到 12 年级的学生在私立学校就学。2009 年，维多利亚州的独立学校有 36% 的收入是来自于维多利亚州政府和澳大利亚政府的资助，有 64% 的收入来源于家长所支付的费用[①]。政府对学校的资助主要依据这样几大原则：第一，按照法律规定捍卫择校制度；第二，不能接受针对个体学校的经费中止；第三，经费资助应当以学生为中心，而非学校；第四，私人对孩子教育的投入不应当影响政府向学生投入的经费水平[②]。

2. 荷兰：通过"学生经费加权分配"解决两极分化和改进基础教育质量

荷兰是世界上最早实行择校政策的国家之一。在荷兰的教育体制下，教育政策由中央制定，对学校的行政和管理权则是下放到学校层面。中央政府对公立和私立学校行使最终控制权。荷兰学生在一些国际学术水平测试，如第三次国际数学与科学教育成就研究（Third International Mathematics and Science Study，简称 TIMMS）中的表现优异。近期的研究表明，教育竞争是决定高学术水平的一个重要决定因素，因此，择校制度能够提高教育的效率和公平[③]。荷兰政府鼓励家长在几所学校之间进行选择，通过加大公立学校和私立学校之间的竞争来促进教育质量的提高。

（1）荷兰大多数学生在非营利性私立中小学就读。荷兰几乎所有的中小学都是由政府资助的，其中大多数都是由私人董事会管理的非营利性学

---

① Independent Schools Victoria. Facts, figures and funding [EB/OL]. (2013-07-18) [2014-03-05]. http://is. vic. edu. au/independent/facts/numbers. htm.

② Independent Schools Victoria. Facts, figures and funding [EB/OL]. (2013-07-18) [2014-03-05]. http://is. vic. edu. au/independent/facts/numbers. htm.

③ The World Bank. The role and impact of public-private partnerships in education [R]. Washington DC: The World Bank, 2009: 8.

校。虽然荷兰存在很小一部分营利性学校（即精英学校），但这类学校由于规模太小而无法获得政府的资助。荷兰是经合组织国家中私立学校在校生数最多的国家，大多数学生都在私立学校就读。2009 年 PISA 数据显示，荷兰 15 岁年龄学生只有三分之一在公立学校就读，三分之二在私人管理学校就读。大部分学生就读的私人管理学校有 90% 的经费来源于政府机构，仅有低于 1% 的私人管理的中小学选择不受政府资助①。

荷兰私立学校是在政府对私人管理学校按照"每生平等"的原则进行公共资助之后才开始发展繁荣的。1917 年宪法赋予了个人建校权、择校权以及公立和私立学校平等的经费和待遇。私人管理学校获得公共经费资助促进了择校权的实现。1917 年，大多数学生就读公立学校，而十年后，该趋势得到了扭转。

（2）政府通过"学生经费加权分配"的办法为弱势学校和学生提供额外资助。"二战"后，世俗化进程使很多学校不再将宗教信仰作为招生标准，然而，学校之间的社会经济分层则开始加剧，与此同时，20 世纪下半期尤其是 20 世纪 80 年代，大量移民的流入使学校中的种族隔离问题日益凸显。在种族和社会经济方面处于多重弱势地位人口开始聚居在特定的地理位置，这也给当地的学校带来巨大的挑战。20 世纪 70 年代，阿姆斯特丹、鹿特丹以及乌德勒支等地开始实行学生经费加权分配（weighted student funding）和为弱势地区的学校提供额外资助的试点。1985 年，荷兰议会通过《教育优先政策法》（The Law on Educational Priority Policy，简称 EPP）建立了当前的资助体系。此前，保守党主张资助应当面向学校，而激进党主张资助应面向地区，教育优先政策法实现了二者之间的妥协，实行基于学校和地区双管齐下的资助举措。

基于学校进行的资助占 EPP 预算的大部分。该政策按照每位学生的额外加权系数通过公示拨款为学校提供资助，以体现社会经济地位的差异。该拨款跟随学生到其所选择的学校，因而能够激励学校吸引和保持这些学

---

① OECD. Public and private schools：how management and funding relate to their socio-economic profile ［R］. Paris：OECD Publishing, 2012：59.

生。荷兰的工人阶级学生被分配的加权系数为 1.25，而少数族裔学生的加权系数为 1.9。额外加权主要面向那些招收高比例（9%以上）弱势学生的小学，根据达到或超过该比例的情况进行额外拨款。同样的安排也适用于中学，但是只有当所招收的贫困街区的学生比例达到 30%以上的中学才能够获得额外资助。基于地区的资助安排主要包括在地区层面鼓励加强中小学、支持中心、文化组织和福利机构之间的联系和合作以战胜不利处境①。

（3）教育市场化使学校的两极分化有所加剧。20 世纪八九十年代，随着市场机制被引进教育领域，荷兰赋予了学校更多的自主权。荷兰的学校在 OECD 国家中拥有最高程度的自主权。学校在组织教学人员和材料、资源分配、教学设施等方面拥有自主权。给予弱势学校的额外经费起初为专项经费，但是由于并未要求该经费仅用于弱势学生，因此主要用于降低班额。自 2006 年开始，荷兰政府对学校的额外资助开始采取整笔拨款的方式取代按照基础设施、人员和运行成本进行分项拨款，这使校董会有了自主进行资源分配的权力。同时，随着对移民的态度转变，政府对学生拨款的加权分配进行了调整，少数族裔的加权系数被取消，而家长受教育程度较低的学生的加权系数从 1.25 调整分别为 1.4（家长受教育程度较低的学生）和 2.2（家长受教育程度非常低的学生）。除此之外，学校获得额外资助的资格标准从弱势学生比例占 9%降低为 6%②。

随着家长择校政策的推行和居住隔离的现象日益明显，小学的两极分化问题在荷兰的一些城市令人担忧。而对于中学来说，除了择校和居住隔离两个因素外，学生之前的学业成绩也进一步加剧两极分化。因此，地方政府尤其在大城市推行了各种政策举措使学生的社会经济背景和种族更为多样化。

由于对教育隔离的担忧，荷兰政府于 2009 年开始推行《良好教育，良好治理法案》（The Good Education, Good Governance Act），该法案对于

---

① OECD. Public and private schools: how management and funding relate to their socio-economic profile [R]. Paris: OECD Publishing, 2012: 60.

② OECD. Public and private schools: how management and funding relate to their socio-economic profile [R]. Paris: OECD Publishing, 2012: 60.

政府所资助的学校质量提出了更高要求。如果督学判断学校质量低于标准，学校则被认定为落后学校，受到严格监督，并要拟订和实行改进计划。教育部对于落后学校有着终极控制权，尽管政府拒绝提供资助以迫使学校关闭的情况很少发生，但是这种状况正在发生改变，过去几年还是有一些学校遭到了关闭。

（4）学生经费加权分配对于改进弱势学生学习成绩起到了促进作用。学生经费加权分配并未使所有的弱势学生达到与其他学生同样的学业水平，但是它使弱势学校获得了更多的资源。在接收更大比例加权学生的小学，师生比比平均水平高出 58%。相较于其他国家来说，荷兰最为弱势的学生在国际测评中的成绩更好，相较于其他 OECD 国家来说学生之间的差距也很小。荷兰的教育具有高度的竞争、自主和问责，这些都有力地促进了教育质量的提高。

3. 美国：私立营利性和非营利性高校经费来源有明显差异

美国高等学校具有多样化的特点，分为私立非营利性、私立营利性和公立非营利性几种不同类型，绝大部分高校是非营利性的，然而在过去的 20 年间，美国的营利性高校在校生数增长了 225%，2010—2011 学年营利性高校招收了高等教育阶段 12% 的学生，在校生数达到 240 万人[①]。

（1）私立营利性高校对学费的依赖程度高得多。从高等教育机构的经费来源来看，美国私立非营利性高校的经费来源较为多样化，包括学费（28.98%）、投资回报（25.85%）、联邦政府拨款（11.74%）和私人捐赠（10.66%）等各个方面。私立营利性高校的收入来源较为单一，主要依靠学费收入，占所有经费收入的 86.89%，私立营利性高校也享受了一定比例的联邦政府拨款（7.20%）。公立非营利性高校的收入来源主要依靠政府，来源于联邦、州和地方政府的经费占到了 46.28%（见表4-4）。相较于公立非营利性高校而言，私立高校获得的来自州政府或地方政府的拨款比例极少。

---

① National Conference of State Legislatures. For-profit colleges and universities［EB/OL］.（2013-03-07）［2014-03-01］. http：//www.ncsl.org/research/education/for-profit-colleges-and-universities.aspx.

表4-4　**2010—2011学年美国不同类型高等教育机构经费来源**

(单位:%)

经费来源	私立非营利性	私立营利性	公立非营利性
学费	28.98	86.89	18.60
联邦政府拨款	11.74	7.20	17.33
州政府拨款	0.82	0.60	22.68
地方政府拨款	0.22		6.27
私人捐赠	10.66	0.03	1.94
投资回报	25.85	0.06	4.38
教育活动	2.41	0.85	
附属事业	7.14	2.10	7.29
医院	8.45		9.61
其他	3.72	2.27	11.90

注：①空白处表示"0"；②仅包括学历型高等教育机构。

【数据来源】National Center for Education Statistics. Digest of Education Statistics [EB/OL]. 2012. http://nces.ed.gov/programs/digest/2012menu_tables.asp.

（2）联邦政府针对营利性和非营利性私立高校的资助政策有所不同。联邦政府对非营利性高校进行补助的主要方式是资助高校的科研活动。科研经费作为联邦预算程序的一部分被拨给大量联邦机构，然后通过竞争性拨款程序进行分配，由相关领域公认的专家进行"同行评议"来决定应当对哪些研究进行资助。营利性高校完全是自筹经费，没有来自政府的资金，学费成为其收入的主要来源。

1965年，《高等教育法案》颁布，联邦政府开始以助学金和学生贷款的形式，向学生提供大规模的经济资助，该法案还规定设立"州学生励志助学金项目（the State Student Incentive Grant Program）"，以鼓励各州设立自己的助学金项目。1972年，重新审议的《高等教育法案》，遵守"依据学生经济需求提供资助"的原则，确立了联邦政府学生经济资助体系。一方面，国会通过了《中等收入家庭学生援助法案》，放宽了对佩尔助学金（Pell Grant）申请学生家庭收入的限制，另一方面，取消对申请"担保性学生贷款"（Guaranteed Student Loans）学生家庭收入的限制①。该法案赋予了在营利性私立高等教育机构入学的学生同传统院校的学生一样享受联邦政府的"第四款"计划（Title IV）资助的权利。佩尔助学金面向所有家庭经济困难的学生，无论是在何种类型学校学习，只要符合"第四款"条件的规定，都可以加入"第四款"资助计划，接受联邦政府的资助和贷款。但是，营利性私立高等教育机构必须接受教育部的检查才有资格得到资助。1992年，教育部要求，营利性私立高等教育机构如果不使用三学期制或学季制的，则必须保证学生每周至少有12小时的时间在教室中接受教育，这样才可将他们视为全日制学生，才有资格接受联邦政府的资助。1997年，教育部要求"第四款"计划的参与者，必须每年向教育部提交一个与"第四款"计划要求一致的、由独立会计公司审计的报告书，还要有审计财务的声明，教育部要进行统一验收，包括全国每年几百个机构的网上评估。20世纪90年代，有1300余所办学质量不高的营利性企业学院被阻拦在学生资助计划之外②。尽管如此，该政策成了营利性高等教育机构发展史上的一个转折点，营利性大学把联邦政府提供的学生资助转化为其利润的增长，他们依赖于联邦学生资助尤其是联邦学生贷款，因为学费的大部分是通过佩尔助学金和学生贷款来支付的（见表4-5）。

表4-5　1998—2002财政年度美国部分营利性私立高等教育机构接受
"第四款"计划资助占收入来源的比例

（单位：%）

机构名称	1999年	2002年
阿波罗集团	48	52
科林斯学院公司	78	82
戴维瑞公司	75	70
教育管理公司	66	65

---

① 罗杰·L. 盖格，唐纳德·E. 海勒. 私有化与美国高等教育财政的新趋势［J］. 北京大学教育评论，2011（1）：15-32.

② 高晓杰. 美国营利性私立高等教育与资本市场［M］. 广州：广东高等教育出版社，2008：89.

机构名称	1998 年	2001 年
ITT 教育服务公司	69	65
职业教育公司	68	60
史蒂亚教育公司	48	55

【数据来源】高晓杰. 美国营利性私立高等教育与资本市场［M］. 广州：广东高等教育出版社，2008：33.

（3）州政府对非营利性私立高等教育的资助程度相对更高。州政府主要是对本州的公立高校进行资助，其次是私立非营利性高校。不同的州对私立高等学校提供直接资助所采取的形式不同，但最基本的形式是科研资助，具体包括：与私立高等学校签订服务合同、对私立高等学校设施建设的资助和按公式提供资助金（以入学人数、所授学位和其他与学生相连的措施为基础向院校提供补助金）[1]。州政府提供这些资助的主要目的在于解决本州的实际的问题，包括地区性的社会问题和民用问题。根据 1972 年《高等教育法》，各州设立了州一级的州学生励志助学金项目，将学生资助金拨给学校，由学校控制资金。近年来，州政府对学生的资助强调基于成绩的奖学金以及各种特殊形式的助学金，同时也提供各种贷款项目。另外，州政府还通过学费税前抵扣（tuition tax deduction）和学费退税（tuition tax credit）的税收优惠政策为在接受私立教育的学生及家庭提供支持。已经有伊利诺伊、亚利桑那、爱达荷、宾夕法尼亚、弗洛里达和明尼苏达等州实行了根据不同的限额和标准允许州所得税项目学费退税的政策[2]。从 2003—2004 年度起，各州政府除对非营利性私立高等学校提供财政资助，同时也开始对一定数量的营利性私立高等学校进行资助，且资助的额度呈上升趋势。2003—2004 年和 2004—2005 年两个年度中对营利性私立高等学校财政资助总额分别为 73.64 亿美元和 88.30 亿美元；其中位居首位的是加州，该州两个年度的资助的额度分别为 10.60 亿美元和

---

[1]　肖俊杰. 民办高等教育财政研究［M］. 上海：上海交通大学出版社，2009：40.
[2]　肖俊杰. 民办高等教育财政研究［M］. 上海：上海交通大学出版社，2009：43.

12.40亿美元①。

（二）营利性和非营利性私立教育的内部治理案例

1. 美国：教师在营利性和非营利性高校内部治理中的角色不同

（1）非营利性大学以共同治理为原则，设立终身教职，保障教师的学术自由。在美国的非营利性大学，共同治理的观念根深蒂固，其内部管理体制一般包括校院系三级。管理的层次主要由三部分组成：一是主要由校外人士组成的董事会；二是以校长为首的行政体系；三是以教授（包括副教授和助理教授）为主体的评议会或教授会，三者之间权力相互交织②。董事会中的校外人员以代表广大社会利益的名义负责对院校的长远发展进行指导。校长是大学行政管理的最高负责人，也是由董事会推选的学校法定代表和执行官员，其受董事会的委托掌管学校内部日常事务③。评议会或教授会的地位和作用在不同的大学有所不同，在学术水平较高的大学，学校的教学、科研及其他有关学术工作主要由评议会或教授会审议并做出决策，评议会或教授会的地位较高，作用也较大。尽管从法理上来看，美国大学的治理权最终归属于董事会，但作为以高深知识为核心的学术机构，在欧洲大学传统的影响下，从共同治理理念出发，通过大学董事会的明确授权或默许，大学教授通过学术评议会这一规范性组织取得学术事务广泛的立法权，并对其他非学术事务施加重要的影响（见图4-1）。据调查，目前美国93%的博士院校、90%的硕士院校和82%的学士院校均设立学术评议会④。

---

① 肖俊杰. 民办高等教育财政研究 [M]. 上海：上海交通大学出版社，2009：39.

② 徐绪卿. 我国民办高校内部管理体制改革和创新研究 [M]. 北京：社会科学出版社，2012：118.

③ 董圣足. 民办院校良治之道——我国民办高校法人治理问题研究 [M]. 北京：教育科学出版社，2010：132.

④ TIERNEY W G, MINOR J T. Challenges for Governance：a national report [R/OL]. （2009-11-12）[2014-03-10]. http：//www.usc.edu/dept/chepa/pdf/gov_ monograph03.pdf.

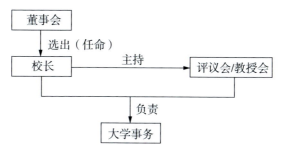

图 4-1 美国私立非营利性大学内部治理结构

【数据来源】董圣足. 民办院校良治之道——我国民办高校法人治理问题研究［M］. 北京：教育科学出版社，2010：130.

非营利性私立大学还为教师设立终身教职以保障教师的学术自由。早在 1915 年，美国大学教授协会在成立伊始便发表了《原则宣言》（General Declaration of Principles），强调应该采取如下措施保护大学教师的学术自由。①成立由学术专业成员组成的适当的司法或裁决性机构，积极介入大学教师的解雇与惩罚事务，保证教师研究与教学自由免受隐蔽或公开的攻击。②借助于同样手段，保护大学行政管理人员以及董事会成员免受违反学术自由、行为独断的不公正指控。如果这类指控获得广泛的认同与确证，那将对大学的良好声誉与影响力造成伤害。③通过维护学术职业的尊严与独立，通过保证终身教职与教授职位的稳定，使学术职业对学识、性格俱佳之士产生吸引力①。由此确立了学术自由与终身教职之间的内在联系，使得终身教职成为保证美国大学教师学术自由的制度性工具。

（2）营利性高校以传统公司的管理价值观为基础，不设终身教职。营利性大学的管理结构和管理过程是以传统公司的管理价值观为基础的。营利性大学的教师没有终身制，这就改变了教师（雇员）和学校（雇主）之间的权力平衡关系。营利性大学实行经理负责制，经理有决策的义务，也有决策的权利。营利性高等教育机构的治理结构主要由以下几个部分构成：股东大会、董事会、经理层、监事会（见图 4-2）。这一治理结构模

---

① 王保星. 美国大学教师终身教职与学术自由的关系［J］. 北京大学教育评论，2005（1）：81-86.

式在营利性高等教育机构的经营中发挥着重要作用，它决定着如何配置和行使控制权；如何监督和评价董事会、经理人员和职工；如何设计和实施激励机制等[1]。营利性私立学校是由职业经理来经营的，一般都形成了良好的公司治理结构，学校设有由股东选举产生的董事会，股东每年按照章程规定的比例提取办学所获得的利润，按股分红[2]。

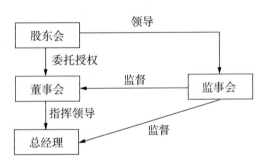

图 4-2　公司法人治理结构框架

【数据来源】董圣足. 民办院校良治之道——我国民办高校法人治理问题研究［M］. 北京：教育科学出版社，2010：46.

（3）非营利性高校教师相较于营利性高校教师具有更大的决策权。在营利性高校，对利润进行追求使行政决策权日益增大。行政决策在很大程度上类似于"商业决策"，自上而下进行。行政决策同时需要考虑本校的学术追求和利润追求这两大特征。决策主体由在商业和营销领域富有经验的个人构成，而教师由于在进行商业决策方面不具有资格而被排除在决策程序之外[3]。营利性高校的教师通常是合同制的，除少数几所高校以外，终身制教授基本不存在。因此，教师权力达到最小化，政策决策主要由行政管理者进行，行政管理者可以在不咨询教师意见的情况下影响教学行为。

全职教师在有些营利性高校的比例低于5%，并且他们有很多职责都是行政性的，包括招聘、培训和对兼职教师进行评估，而教授课程所占的

---

① 高晓杰. 美国营利性私立高等教育与资本市场［M］. 广州：广东高等教育出版社，2008：130.

② 高晓杰. 美国营利性私立高等教育与资本市场［M］. 广州：广东高等教育出版社，2008：29.

③ HENTSCHKE G C, LECHUGA V M, TIERNEY W G. For-Profit colleges and universities：their Markets, regulation, performance, and place in higher education［M］. Sterling, Va：Stylus Pub., 2010：59.

比重最低。因此，"营利性高校并没有真正意义上的全职教师，只有同时负责教课的全职雇员"①。这些全职教师虽然也参与决策活动，但这仅仅是因为他们主要承担的是传统高校行政职位相类似工作。而在另一些营利性高校，全职教师的比例要高一些，但是他们除课程以外也不拥有任何决策权。大部分决策者都是从事教学以外的人，因此，教师和这些政策决策者之间就形成了一种张力。教师是否受雇于这所学校全部由学校的所有者/校长决定。如果有谁建立了教师工会，就会面临解雇②。

与非营利性高校不同，营利性高校不存在共同治理，尽管教师和行政管理者共同分担决策，但是决策权高度存在于教学领域之外。教师对治理活动的参与被最小化了，而行政管理者的权力增加了（见表4-6）。

表4-6　营利性和非营利性高校教师参与治理活动的情况

治理活动	非营利性高校	营利性高校
开发自己的课程	是	不同高校有所不同
进行课程/学习项目的设计	是	有限参与
招生决策	是	否
教师招聘/解雇决策	是	否
教师提升决策	是	否

【数据来源】HENTSCHKE G C, LECHUGA V M, TIERNEY W G. For-Profit colleges and universities: their Markets, regulation, performance, and place in higher education [M]. Sterling, Va: Stylus Pub., 2010: 59.

营利性机构的治理结构是为了促进灵活决策，参与决策的人数越少，则决策速度越快。此外，来自外部的相关支持者如学习项目咨询理事会（program advisory boards）也参与决策。这种治理结构的优势在于：营利性高校能够很快适应外部环境和市场的需求变化；能够评估雇主和学生的需

---

① HENTSCHKE G C, LECHUGA V M, TIERNEY W G. For-Profit colleges and universities: their Markets, regulation, performance, and place in higher education [M]. Sterling, Va: Stylus Pub., 2010: 58.

② HENTSCHKE G C, LECHUGA V M, TIERNEY W G. For-Profit colleges and universities: their Markets, regulation, performance, and place in higher education [M]. Sterling, Va: Stylus Pub., 2010: 59.

求，并且设计出符合他们能力的课程和学习项目；由于参与决策程序的人较少，营利性高校能够决定需要增加或关闭哪些学习项目。非营利性高校对该问题的决策程序则非常冗长并且无法对市场需求做出如此快的反应。

共同治理与非营利性大学创造和传播知识的独特职能密切相关，而对于营利性高校来说，科研和知识生产并不属于学校职能，因此共同治理也就得不到保障。然而，如果教师参与治理的程度有限，那么高校决策可能会缺乏动力，而教育质量也可能会受到影响。

2. 澳大利亚：独立型私立中小学的内部治理由职能清晰的校董会负责

尽管澳大利亚的公立学校、天主教学校和独立学校之间有很多相似之处，但是对学校的管理方式却有着很大差异。天主教学校和公立学校是由一个中央权力机构代表学校进行决策，而独立学校却有着很大的自主权。在大多数独立学校，理事会（boards of governors）或管理委员会是学校的决策机构，负责学校内部的教育事务、当前和未来的发展规划以及人员聘用。独立学校是非营利性机构，由私人设立和管理，受到学生、家长、政府以及社区等利益相关者的问责，由于在学校教育中具有领导和创新地位而被公认为优质学校。独立学校良好的内部治理有力地促进了它们的健康、持续发展。

（1）理事会和校长的职能清晰。对于多数私立学校来说，理事会主要为了制定学校政策以指导学校的发展而设立的，其职能主要包括：①制订战略规划；②发展和批准学校政策；③任命校长；④批准年度预算；⑤制定工资制度；⑥制定学费标准；⑦监督财务问责；⑧保障学校履行自身使命①。学校的日常运行事务由校长负责，理事会成员不参与到学校具体的管理、人员或课程问题中。校长负责履行理事会所批准的政策，监督课程实施和教学管理情况，并在理事会所规定的财务限制内进行教职工的评估、聘用和解雇。可见，理事会主要负责在宏观上进行控制并对校长进行指导，而校长则主要负责政策的具体实施。很多学校在校长和理事会之间

---

① GUERNSEY D. The function of boards in private schools: parameters and best practices in current school board literature [EB/OL]. (2003 – 07 – 23) [2014 – 03 – 10]. http: //www. napcis. org/Board-FunctionsPractices. pdf: 3.

划出一条明晰的分界线，这种权力的划分有利于保持各方力量的平衡和促进学校的成功。校长只是受到理事会任命并执行理事会的决议的，在健康的环境下，理事会会征询并看重校长的意见，但是校长并不具有投票权。

（2）理事会的构成合理。理事会具有合理的成员结构。独立学校依照法律规定进行设立，理事会按照宪法以及各类法规中所规定的原则运行，理事会成员负责学校的财务、战略规划和教育事务，理事会成员来源广泛，大约由6至15人组成，包括各利益相关者的代表，其中家长代表占有相当比例。理事会通常每年对自身运行自评，也有一些理事会在每次会议后进行。理事会坚持公平公开的原则。独立学校的理事由选举或任命产生，有的学校同时采用两种方法，任期通常为3年。理事会通常每年召开10—12次会议，通过共识决策或投票来制定决策[①]。为了帮助理事更好地履行自身职能，理事会为其成员提供法律顾问、风险管理和评估、战略规划等方面的专业发展机会，此外，还提供包括治理手册、关键议题简介以及学校简讯等资源上的支持。这些支持至关重要，因为理事需要根据教育政策、实践和环境的变化不断发展自己的专业能力。

（3）家长在理事会成员中的比例较高。家长也积极参与到独立学校的各项事务中。当人们作为理事会成员参与决策并为之承担问责时，他们将更具分析力和责任心，并且会努力使这些决策成功。因此，家长参与决策有利于产生归属感，继而促进学校的增长、成功和创新。但是，家长参与决策也有弊端，主要表现为在对复杂问题进行投票时缺乏相关的信息、背景和经验。澳大利亚独立学校管理组织（Independent School Management）建议家长应当占理事会成员人数的比例在60%—70%，之所以限制家长的比例，一方面是由于理事会工作具有一定的保密性，另一方面是由于学费标准是由理事会制定的，而家长可能会反对学费上涨过快因而影响决策[②]。

---

① Independent Schools Council of Australia. Governance in Australian Independent Schools［R/OL］.（2011-03-01）［2014-04-01］. http：//isca. edu. au/wp-content/uploads/2011/03/ISCA-Re-search-Report-Governance-2008. pdf.

② GUERNSEY D. The function of boards in private schools：parameters and best practices in current school board literature［EB/OL］.（2003-07-23）［2014-03-10］. http：//www. napcis. org/Board-FunctionsPractices. pdf：7.

（三）营利性和非营利性私立教育的外部治理案例

1. 美国：向教育管理组织购买经营公立学校的服务

目前美国中小学教育中存在着两种以营利为目的的方式。一是将学校作为商业组织运营，从教育活动中赚取利润。每招收一个学生，学校从中收取一定费用。二是与学区和特许学校签订合约、经营公立学校的教育管理组织。2002 年生效的《不让一名儿童落后法》要求连续 5 年处于落后地位的学校必须接受重构，他们可以转变为特许学校，或者委托给私人的营利性或非营利性机构管理，或者通过改革学校的人员和治理在学区内进行重构。为了解决多年的成绩落后和财政危机等问题，2002 年，宾夕法尼亚州组成了学校改革委员会替换费城地方校董会。学校改革委员会开展了一系列新举措，包括实施学区核心课程、定期评估和进行教学诊断，而其中引起最大争议的，则是实行"教育提供者多样化"的新型管理模式，该模式是将本学区内的 46 所落后学校签约给 7 家营利性和非营利性组织接管，其中包括两家地方大学、两家非营利性教育管理组织和三家营利性教育管理组织——爱迪生学校教育公司、胜利学校教育公司和灯塔学校教育公司，为他们提供生均 450—881 美金的额外经费（见表 4-7）。该举措的目的是利用私人领域的专业能力改进城市的落后学校。在此后的四年间，费城成为美国最大的公校私营试验地，日益多的营利性和非营利性教育管理组织在美国进一步发展起来。据科罗拉多大学全国教育政策中心统计，2010—2011 年，美国有营利性教育管理组织 99 家，管理着公立学校 758 所，学生 39.4 万人；有非营利性教育管理组织 197 家，管理着公立学校 1170 所，学生 38.4 万人[1]。

---

① MIRON G M, URSCHEL J, AGUILAR M A Y, DAILEY B. Profiles of for-profit and nonprofit education management organizations：thirteenth annual report 2010-2011 [EB/OL]. (2012-01-06) [2014-03-10]. http：//nepc. colorado. edu/publication/EMO-profiles-10-11.

表 4-7　美国费城学区营利性和非营利性组织经营公立学校情况表

经营形态	提供者	生均额外经费(2002—2003,单位:美元)	生均额外经费(2005—2006,单位:美元)	经营学校数(2002—2003)	经营学校数(2005—2006)
营利性组织	爱迪生学校教育公司(Edison Schools, Inc.)	881	750	20	22
	胜利学校教育公司(Victory School, Inc.)	857	750	5	6
	灯塔学校教育公司(Chancellor Beacon Academies, Inc.)	650	n/a①	5	0
非营利性组织	创建公司(Foundations, Inc.)	667	750	5	6
	环球公司(Universal Companies)	656	750	3	3
	天普大学(Temple University)	450	450	5	4
	宾夕法尼亚大学(University of Pennsylvania)	450	450	3	2
学区公营	重构学校办公室(Office of Restructured Schools)	550	0②	21	0
	甜蜜16校(Sweet 16)	550	450	16	15

【数据来源】GILL B, ZIMMER R, CHRISTMAN J, BLANC S. State takeover, school restructuring, private management, and student achievement in Philadelphia[M].Santa Monica:RAND Corporation, 2007:7.

(1)要建立严格的筛选程序。学区首先要对教育管理组织进行严格的筛选,并在筛选后对教育管理组织进行监管。多数州和学区都采用正式的采购/签约程序对教育管理组织进行挑选,并对申请进行评估,审核不仅仅局限于书面材料,还要评估教育提供者的专业能力和财务凭证,并在做出决定之前向多方了解该管理组织。开放、透明的筛选程序有利于学区、申请者和社区之间的交流,继而减少社区的抵制情绪,并保障所选择的教育管理组织最为契合学校和社区的需求。除了教育管理组织外,通常还有一些其他

---

① 由于与灯塔学校教育公司解约,因而没有数据。

② 从2004—2005学年开始终止干预。

申请者,包括一些准备建立分校的优质学校、具有远见和能力开办新学校的创业型教师和校长、大学和学院以及计划将服务扩张至 K-12 教育的社区文化组织。当有多个申请者达到选择标准并相互竞争时,筛选工作更能取得成功。

(2)必须给予教育管理组织以充分的自主权。委托管理合同必须清晰划分教育管理组织和学区之间的职责,须表明学区对于签约学校所提供的资助类型和水平,还须明确给予教育管理组织的自主权。研究表明,那些在预算、员工聘用、课程和教学方面给予教育管理组织以更多自主权的学区所进行的改革更为成功。教育管理组织的优势通常在于能够在教学、人员聘用、学校日程安排、家校关系、学科技术等方面采取不同的方法,在实施过程中能否能够独立于学区政策是教育管理组织是否能够取得成功的关键。爱迪生模式实施过程中,在地方上受到较多限制的爱迪生学校的成绩要差于能够完全实施该模式的爱迪生学校。除此之外,在校长有权聘用和解聘教师的学校,其学生成绩也更佳。在切斯特高地,爱迪生学校具有聘用学校领导者的权力,但是聘用和解聘教师的权力却属于学区,这限制了爱迪生模式的完全实施。也就是说,在聘用教职工方面具有充分自主权的教育管理组织能够帮助学校取得更好的成绩。学区与教育管理组织之间良好的合同关系往往会为将学生学习放在首位而给予双方一定的协商空间。

(3)学区进行持续的监督和问责。签约的完成并不代表外部治理工作的结束,州政府和学区的治理部门必须保证所签约的教育管理组织履行其职责,必须监督所有的教育提供者都按照合约办事。签约的学校需要达到合同规定的量化绩效标准,很多学区都将学生在标准化考试中的成绩作为评价教育管理组织绩效的基础。不履行合同的后果则是不再续约或终止合同。还有一个促使教育管理公司接受问责的有效方法就是经费激励。爱迪生学校表明,当公司所获得的补贴取决于其具体绩效目标的实现情况时,那么可量化的教育结果就成了公司的优先任务。一些公校私营取得成功的学区设立了监督和评估体制,为学校设定成绩目标并建立了年度进步评估方法。学区需要有充足的资源来对教育管理组织进行监督和管理。例如,费城学区成立了协调所有签约学校的中心办公室,负责在学区和学校之间传递信息。学区利用每月例会、邮件和其他信息通道保障信息的通畅，并对教育管理组织的绩效具有清晰了解。除此之外，费城还成立了外部问责评议委员会(Accountability Review Commission)对教育管理组织实现学区目标的情况进行评估，这一外部组织负责提供有关签约学校的年度学校和学区成绩报告。因此，从内部和外部进行教育评估都很必要。

（4）学区需要给予教育管理组织一定的支持。签约学校仍然在一些服务方面依赖于学区的资源。除了在设备及维护方面给予教育管理组织支持外，还有其他服务，例如，在巴尔迪摩，爱迪生学校能够在设备、设施、食品、卫生、培训和交通方面获得学区的帮助。

2. 美国：州政府对营利性私立高校进行审批和监管

美国高等学校开办的审批权在州一级，州政府相关部门向符合条件的高校发放办学许可证，对营利性高校的办学许可证的发放也一样。营利性高校必须得到州的授权或者许可才能够开展教育活动。

（1）很多州都设立了办学许可证发放机构。很多州均成立了办学许可证发放机构，包括私立中学后教育委员会、州高等教育委员会、学位认可办公室等，负责向营利性和非营利性私立学校颁发办学和学位授予许可证（见表4-8）。例如，在亚利桑那州，私立中学后教育委员会是该州唯一负责营利性(非营利性)高校管理及发放办学许可证的机构。委员会发放两种类型许可证：一种是职业项目许可证，另一种是学位授予许可证，高校必须拥有许可证才能启动教育项目。而在俄亥俄州，私营学校委员会负责向本州营利性高校发放办学许可证，营利性高校必须在该委员会注册，该委员会负责副学士学位项目的评审，而学士及以上学位项目的评审都由俄亥俄州董事会负责。

表4-8　11个州的办学许可证发放机构

序号	州名	办学许可证发放机构
1	亚利桑那州(Arizona)	私立中学后教育委员会
2	加利福尼亚州(California)	私立中学后及职业教育局
3	科罗拉多州(Colorado)	州高等教育委员会

续表

序号	州名	办学许可证发放机构
4	佛罗里达州(Florida)	州私立高校委员会
5	佐治亚州(Georgia)	非公立中学后教育委员会
6	新泽西州(New Jersey)	州高等教育委员会
7	纽约州(New York)	高等教育办公室及州教育部职业办公室
8	俄亥俄州(Ohio)	私营学校委员会
9	俄勒冈州(Oregon)	学位认可办公室
10	德克萨斯州(Texas)	州劳动力委员会
11	华盛顿州(Washington)	高等教育协调委员会学位认可处

【数据来源】BRIMAH T. Survey Analysis: State Statutes and Regulations Governing the Operation of Degree-Granting For-Profit Institutions of Higher Education[EB/OL]. (2000-03-01)[2014-03-20]. http://www.ecs.org/html/Document.asp? chouseid=1448.

(2)营利性高校必须获得本州许可机构的审批和认证。营利性高校必须获得州许可机构的批准才能办学。许可与认证有所不同,有的高校可能得到许可但是并未得到认证,尽管有的州会将一些许可程序交给认证机构,但是认证机构没有许可办学的权力。州政府的职能包括对高校进行法律授权允许办学或者在学校无法达到标准时撤销许可。而认证则更加关注院校的质量而不是消费者权利,每一所高校和认证机构都有着不同的标准。许可标准在不同的州有所不同,有的程序简单并且将一部分程序交给了认证机构,有的州则派州审议组对申请者进行审查。高校必须得到他们所办学的每一个州的许可以及得到美国教育部认可的机构的认证,才能够参与联邦学生资助计划。

在加利福尼亚州,所有的营利性学校都要提出在本州办学的申请。申请必须包括以下内容:明确的拟提供的学位项目、每个学科课程的详细信息、教师的任职条件、符合教学和学位需要的教学设备(包括研究和图书馆资源)。在申请批准之前,私立中学后和职业教育局(BPPVE)成员要对申请学校进行实地考察,以对其拟提供的学位项目可行性进行评估。评估标准主要包括这样几个方面:课程的一致性和连贯性;教学总学时要求;教师资格;项目和教学的充足的经费支持;有充足的图书馆藏及研究设备,或者与附近高校签订有校际图书馆/研究设备共享的正式协议;签协议的高校必须是通过了鉴定的或州许可的有学位授予权的高校。而对私立非营利性高校的评估有着类似的程序,只是标准和程序由区域鉴定机构——西部学校协会设定,而不是通过州法规条例来制定①。

在有的州,如科罗拉多州,营利性高校申请学位授予权的程序与非营利性高校完全一样。在科罗拉多州新成立的高校必须向州高等教育委员会提交完整且完善的办学规划,以确保获得"州的初步批准"。高校在获得州的初步批准后,马上进入认证程序。如果认证机构认定该高校完成的初步信息令人满意的,则可以招收学生、进行教学、提供学分和学位②。

自20世纪90年代以来,许多营利性私立高等教育机构把资格证书和文凭课程升格为学位课程或新设置学位课程,成为授予学位的教育机构。2008—2009学年,营利性高校授予了美国10%的硕士学位、5%的学士学位、18%的副学士学位和42%的证书③。

(3)州政府对营利性高校进行管制。除了对学校进行许可外,州政府还有两个不可替代的职责,即在教育过程中保护学生的权利,并对州政府投入给营利性高校的资金进行监督。

①对消费者利益进行保护。各州都将保护学生免受欺骗置于首位,从营利性高校的基本安全条件到具体的教育问题都进行把关。各州出于对消费者进行保护所实行的管制主要在以下几个方面:第一,在广告方面,保证营利性高校不做出没有证据支撑的承诺;第二,在学校招生手册和协议方

①　BRIMAH T. Survey Analysis:State Statutes and Regulations Governing the Operation of Degree-Granting For-Profit Institutions of Higher Education[EB/OL].(2000-03-01)[2014-03-20].http://www.ecs.org/html/Document.asp? chouseid=1448.

②　BRIMAH T. Survey Analysis:State Statutes and Regulations Governing the Operation of Degree-Granting For-Profit Institutions of Higher Education[EB/OL].(2000-03-01)[2014-03-20].http://www.ecs.org/html/Document.asp? chouseid=1448.

③　HARNISCH T L. Changing dynamics in state oversight of for-profit colleges[R/OL].(2012-04-01)[2014-03-20].http://www.aascu.org/uploadedFiles/AASCU/Content/Root/PolicyAndAdvocacy/PolicyPublications/Policy_Matters/Changing%20Dynamics%20in%20State%20Oversight%20of%20For-Profit%20Colleges.pdf:2.

面,要对营利性高校所提供的学习项目信息进行评估,包括课程和项目信息、学费、毕业生和就业数据;第三,在职工资格方面,对教师资格进行审查排除训练不足的或虚假资格的教师;第四,对学校的财务稳定情况进行监控,包括学费返还政策、经审计的学校财务报告、履约保证金和学费保护金方面的信息;第五,高校必须提供明确是否在某个校区关闭的情况下仍然允许学生在其他校区完成该项目的学习;第六,对学校的设施、课程设置、教师协助和学校记录进行检查;第七,对那些经过合法认证程序获得许可豁免的学校进行审查;第八,对学生投诉进行调查①。

②建立和实行最低教育标准。建立和实行最低教育标准也是消费者保护职责之一,各州的管理机构需要对营利性高校的教材和学习项目进行评估,以保证学生能够从这些学习项目中受益。这些最低教育标准包括:第一,在入学标准方面,学生必须证明具备从该培训中获益的能力,并且学习项目也必须符合学生的能力水平;第二,在课程内容方面,管理机构需对课程目标、教学方法进行审查,其中还包括一些具体的信息,如学术政策和打分方法;第三,在学习结果方面,管理机构需对延期毕业率、完成率以及就业等学习结果方面的数据进行审议;第四,管理机构必须保证学生具备能够帮助他们做出决定的信息,包括学费、延期毕业和就业方面的正确数据。

③加强对营利性高校的教育监管。2010 年,美国教育部发布了一项三方"学习项目整合"规则,旨在提高州政府对营利性高校的管制能力。在此规则下,州许可和审批机构必须通过一个三方程序对学生投诉进行审议和处理,他们还必须向教育部提供一个获得办学许可的院校名单,该条款还要求高校为在校生以及即将入学的学生提供有关如何向适当的认证机构和州政府机构进行投诉的信息。因此,该条款强化了现有的州政府法规并明确了州政府在决定该高校是否符合"第四款"计划方面的权威。

近年来,由于营利性高校屡屡发生丑闻,州政府管制的有效性受到了质

---

① HARNISCH T L. Changing dynamics in state oversight of for-profit colleges[R/OL]. (2012-04-01) [2014 - 03 - 20]. http://www. aascu. org/uploadedFiles/AASCU/Content/Root/PolicyAndAdvocacy/PolicyPublications/Policy_ Matters/Changing% 20Dynamics% 20in% 20State% 20Oversight% 20of% 20For - Profit%20Colleges. pdf: 9.

疑。批评者认为三方监管程序在结构上的缺陷导致一些有问题的营利性机构通过审批并获得联邦学生资助;州政府的监督过于松散,缺乏资源并且存在利益冲突,因而阻碍了监督职能的有效发挥。2011—2012 年,为了加强监管,美国有包括肯塔基、佐治亚、加利福尼亚、马里兰在内的 17 个州推行了有关营利性高校的 37 项法案。加州的最新法律规定,将利用学生贷款违约率来决定申请加州政府财政资助项目的资格,该法案还要求营利性高校必须每年报告在校生数、保有数和毕业生数方面的数据,该法案的签署生效使近一半的营利性高校无法申请加州财政资助项目。在马里兰州,最新法案进一步加大了州政府对营利性高校的管制力度,禁止欺诈性招生行为,禁止对招生人员给予奖励,并且要求披露更多办学数据,该法案也建立了由营利性高校资助的学生保护基金。在犹他州,2011 年的新法案赋予了州消费者保护处处理有关营利性高校投诉事宜的权力。该法案要求新办学者获取商业和消费者信用报告,运行超过一年的学校必须提交经审计的财务报表,但是通过认证的学校可以寻求豁免。在西弗吉尼亚州,最新法案要求该州的学位授予高校必须公开具体的消费者信息,包括所有州政府和联邦政府所要求的信息、绩效评估信息(如毕业率和保有率)、财务运行状况、高校课程、设备、教材和设备评估信息以及对学生标准的实地考察情况①。

三、发达国家私立教育分类管理的启示

从我国的情况来看,民办学校无论在运行机制还是制度规范方面都呈现出混合了营利性组织和非营利性组织的特征,出现了纯营利性民办学校和非营利性民办学校之间的中间地带——准营利性民办学校②。营利性和

① HARNISCH T L. Changing dynamics in state oversight of for-profit colleges[R/OL]. (2012-04-01)[2014-03-20]. http://www.aascu.org/uploadedFiles/AASCU/Content/Root/PolicyAndAdvocacy/PolicyPublications/Policy_Matters/Changing%20Dynamics%20in%20State%20Oversight%20of%20For-Profit%20Colleges.pdf.

② 刘建银.准营利性民办学校研究[M].北京:北京师范大学出版社,2010:78.

非营利性不分是限制我国民办学校健康发展的瓶颈问题,发达国家私立教育的分类管理为我国民办学校提供了以下几点启示。

(一)将私立学校按照营利性和非营利性两类法人进行登记

很多发达国家都在本国的法律法规奠定了私立教育的合法地位,并且区分营利性和非营利性,把私立学校分为两类法人进行登记,对于不同类型的私立教育尤其是非营利性私立教育界定了严格标准,并且在注册登记、经费资助、税收优惠等方面规定了基本原则。

大陆法系国家对营利性私立学校采取营利性的社团法人制度,对非营利性私立学校多采取财团法人制度,或者如日本,建立特别的学校法人制度来举办私立学校。在英美法系的国家,多采取公益信托制度、非营利法人制度来保证非营利性私立学校具有严格的非营利性质[1]。不可分配盈利约束(Non-distribution Constraint)是非营利性组织的一个突出属性。非营利性机构尽管可能取得利润,但是并非为营利而组成,而且不能将所得任何利润分配给其董事或经理[2],除此之外,非营利性组织的举办者或设立人也不能在机构解散清算后分配剩余财产。美国、英国、日本、澳大利亚在本国法律中对于非营利性教育机构的规定非常严格。例如,美国《国内收入法典》指出,"非营利组织本质上是一种组织,限制其将净余额(net earnings or pure profits)分配给任何监督与经营该组织的人,诸如组织的成员、董事与经理等"[3]。

与发达国家不同的是,依我国现行法规,民办学校属于"民办非企业单位",属于民间非营利性组织的一种类型,既非事业单位,也非企业单位,而《中华人民共和国民法通则》没有直接与之对应的法人类型。在实际管理中,民办学校有时被当作企业法人对待,有时被视作非营利性法人对待,民办学校的法人属性不清晰一方面导致民办学校无法享有与公立学校同等的法律地位,另一方面也导致民办学校捐资和出资者的财产权得不到保障,影

---

① 刘建银. 准营利性民办学校研究[M].北京:北京师范大学出版社,2010:139.
② 联合国经济和社会事务部、统计司. 国民账户体系:非营利机构手册[R].纽约:联合国,2005:3.
③ 刘建银. 准营利性民办学校研究[M].北京:北京师范大学出版社,2010:87.

| 170 |

响社会资助对民办教育的投入。因此,应在我国当前的政策法规中提出营利法人和非营利法人的法人分类,分别建立与两类法人相关的配套制度,从而明确营利性、非营利性民办学校的界定条件,规定两类民办学校登记管理的程序、参考标准以及各自享有的税收优惠和经费资助政策。

(二)政府对非营利性私立教育的资助力度大

发达国家均对私立学校通过不同的方式进行适度的财政资助,但是,政府对私立学校的资助以非营利性私立教育为主,如在澳大利亚和荷兰,基础教育阶段的大部分学生就读非营利性私立学校,来自于政府的经费比例分别达到50%和90%。在 OECD 其他国家,瑞典、芬兰、斯洛伐克的私立学校同样有90%的经费来自于政府,斯洛文尼亚、德国、比利时、匈牙利、卢森堡以及爱尔兰也有80%—90%的经费来自于政府。在那些私立学校获得更高比例的公共经费的国家,公立学校和私立学校之间的两极分化程度更低[①]。如澳大利亚实行的基于"社会经济背景"的经费资助政策,荷兰实行的"学生经费加权分配"政策都使私立非营利性学校和公立学校一样获得政府的"平等资助",在很大程度上为私立和公立教育提供了公平竞争的环境。

在高等教育阶段,随着营利性高等教育的兴起,政府对于营利性高等教育也开始给予资助,这对于促进就业、满足多样化教育需求、激励社会资本对教育投入具有重要意义。如美国政府给予私立营利性高校学生享受联邦政府的"第四款"计划资助的权利,州政府也逐渐提高对营利性高等教育的资助。

在我国,由于政府对于民办教育的公共经费资助有限,民办义务教育学校的经费未能完全保障。虽然根据《民办教育促进法实施条例》的规定,"县级以上人民政府可以根据本行政区域的具体情况,设立民办教育发展专项资金";"县级人民政府委托民办学校承担义务教育任务的,应当根据接受义务教育学生的数量和当地实施义务教育的公办学校的生均教育经费标准,

---

① OECD. Public and private schools: how management and funding relate to their socio-economic profile[R]. Paris: OECD Publishing, 2012: 7.

拨付相应的教育经费",但在具体实施过程中,一些错误观念认为民办学校是非国家财政性经费举办,就不能享有国家财政性经费的资助和奖励,一些区县政府职能部门由于受错误政绩观念的影响,对承担义务教育任务的民办学校不按公办学校生均经费标准拨付生均经费。我国应当借鉴国际经验,通过采取包括购买服务、税收优惠在内的多种方式,进一步落实政府对非营利性民办学校的财政支持,尤其对于需求迫切、资金困难的非营利教育事业予以政策扶持和财政投入。

(三)非营利性私立教育内部采取共同治理的模式

从国际案例来看,发达国家在非营利性私立学校的内部治理上采取的是共同治理的模式,重视人员来源的广泛性和代表性,吸收社会贤达和具有教育经验的工作者、教师、学生等相关利益主体以不同的组织形式参与权力分配,在对应的职责权限内具有话语权,这种治理模式有益于削弱私立学校中董事会(理事会)的绝对权力,形成有效的制衡机制。例如,日本私立学校内部管理实行理事会、评议会和监事三权分立的横向负责体制。为防止"家族式"管理,日本《私立学校法》第38条规定,私立学校各负责人不得与配偶或一名以上(不包括一名)三等亲以内的亲属同时出任负责人①。

在我国,尽管《民办教育促进法》及其实施条例对董事会(理事会)的成员构成做了相应规定,在学校设置、章程制定、学校评估和许可检验等重要环节上,政府都将董事会制度纳入考核的重要内容之一,推动学校董事会决策机构的建设和完善,但是,由于《民办教育促进法》只是规定"学校理事会或者董事会由举办者或者其代表、校长、教职工代表等人员组成",对于如何组织董事会缺乏细节规定,这导致很多民办学校董事会(理事会)的多数席位都由学校的创办者、出资者或学校领导者及其近亲占有,而诸如家长、校友、社区代表等与学校发展密切相关的人,很难在学校的发展中发表自己的意见,这使得举办者掌握了学校的话语权和实际控制权,"家族式"管理普遍

---

① 国家教育委员会政策法规司. 部分国家和地区私立学校法规选编[M].北京:北京师范大学出版社,1993:10.

存在,董事会徒有虚名。因此,我国应当借鉴国际经验,修订现有法律法规,在《民办教育促进法》中明确合理的董事会人员数量、人员结构及其职责,从而在非营利性民办学校内建立起规范和完善的内部法人治理结构,实现多方共同治理,才能克服"家族式"管理,使民办学校建立起自主管理、自我发展、自我约束的机制,提高学校管理效率,实现科学决策,更好地实现办学宗旨。

(四)建立了政府购买非营利性教育服务的完善机制

购买非营利性教育服务是很多国家和地区政府的做法,非营利性组织提供的教育服务注重公益性,也具有多样性特征,可以弥补政府教育公共服务单一性的不足。特别是改进落后教育、补充教育供给的不足方面,非营利性部门可以承接政府部门的部分职能。因而政府部门和非营利性组织之间就形成了某种联系,这也就是国外讲的公私合作伙伴关系模式(Public Private Partnership,简称PPP)。政府可以向非营利性部门购买服务,当政府资源不足,或者需要专业服务的时候,就可以用公共财政购买服务的方式从非营利性部门获得,从而提高公共资源的使用效率。

目前,我国迫切需要建立民办义务教育政府购买服务的完善机制与配套办法。政府在履行公共服务职责的过程中,不可能将所有涉及公共服务的领域全部包揽,在部分领域特别是在微观领域、专业领域,迫切需要有一类组织能够承接这部分职能。《中共中央关于全面深化改革若干重大问题的决定》明确提出在教育方面,要健全政府补贴、政府购买服务的制度。因此,应当鼓励政府与非营利性民办教育机构的合作,补充我国教育供给的单一和不足,民办教育机构也能在这种模式中寻找到发展的机会。

(五)实行针对营利性和非营利性两类私立教育的问责机制

在治理过程中对营利性和非营利性私立学校进行区分,有利于规范私立学校的收费行为和办学方向。发达国家政府对于两类私立教育进行严格的监管,一方面对办学资格,包括举办者资格、校舍的安全标准、教师的资格、专业和课程标准、学校章程、收费标准进行监督和评估,另一方面是对学校的教学质量和财务状况进行监管。从美国营利性高校的案例来看,为使消费者权益得到保护,州政府机构除对营利性私立高校进行审批外,还在州法律法规中对营利性高校的基本安全条件、教育标准、办学数据等很多方面进行教育监管,对于营利性私立高校的问责呈增强趋势。

目前,我国政府监管的范围较为广泛,规定较为原则,而且没有明确涉及民办学校发展的重大事项的监督内容和程序,也没有规定主管部门实施监管的过程及哪些外部监督力量来监督它们,因而政府"越位"、"错位"和"缺位"的情形并不少见。要加强政府对两类民办学校的外部管理,针对非营利性民办学校,一是要将政府资助与加强质量监控相结合,监督受委托的民办学校保质保量提供教育服务,二是要加强财务监督,推行财务公开制度,形成透明、规范、高效的政府资助管理体制。营利性民办学校要受到审批机关和税务部门的管理和监督,但政府应当允许营利性教育机构在依法纳税的前提下,获得营利或取得回报,政府只依法对其办学条件和质量进行监督,对回报率可不做限制。

第五章

中国民办教育分类管理的对策

民办教育是我国教育事业发展的重要增长点和促进教育改革的重要力量。发展民办教育,积极探索营利性与非营利性民办教育分类管理,必须把坚持民办教育的公益性和可持续发展有机结合,做好政策支持与监督监管工作,以保障我国民办教育获得健康、持久、有序的发展环境和发展空间。

一、明确教育分类管理改革的目标与原则

(一)明晰民办教育分类管理改革的目标

积极推进民办教育分类管理,其基本的指向是促进民办教育的健康发展,形成公办、民办合理竞争的有序发展环境,满足人民群众日益增长的对教育的高质量、多元化、个性化需求。无论是营利性民办教育还是非营利性民办教育都具有公益性,都是应该大力支持的对象。教育是社会优先发展的事业,兴办民办学校是崇高之举。积极推进民办教育分类管理,必须坚持四个有利于:第一,有利于吸收更多的社会资金投入民办教育领域,提高民间社会力量兴办教育、进入教育领域的积极性,并实现政府、学校、社会、师生的多方共赢;第二,有利于推动落实民办学校和公办学校同等的法律地

位,促进公办教育、民办教育公平竞争、协调发展;第三,有利于解决当前民办教育发展中的突出困难和问题,如民办学校教师与公办学校教师身份、待遇上的不平等问题;第四,有利于民办教育质量提升与民办学校师生发展。

民办教育分类管理改革要以促进民办教育健康发展为方向,着力解决制约民办教育发展的体制机制等深层次问题。《民办教育促进法》颁布以来,明确了民办教育公益性的定位,要不要发展民办教育的问题已经解决,但如何发展民办教育尚未形成共识。民办教育分类管理是促进民办教育快速健康发展的根本政策。分类管理改革的目标,要以大力发展民办教育为根本目的,彻底解决制约民办教育发展的法人属性、产权制度、分类标准、合理回报比例等重大问题,进行全面的制度重建与体制机制创新。具体而言有以下几个方面的内容。

1. 创新体制机制

在政府层面,要以体制和机制创新为重点,确定民办学校的法人属性、产权归属与税收优惠,清理各种歧视性政策,破解民办教育在师资、产权、税费等政策方面的障碍,构建有差别的民办教育公共政策。

2. 创设共同发展格局

在社会舆论环境方面,优化民办教育发展环境,确定"合理回报"比例,吸引社会力量投资办学,形成公、民办教育共同发展的良好格局。

3. 提升质量与管理创新

在学校层面,以质量和管理创新为重点,促进民办学校办学体制改革,完善法人治理结构,建设多元、特色的民办教育优质资源,满足人民多样化、多层次的教育需求。

(二)民办教育分类管理改革应坚持的基本原则

开展营利性和非营利性民办学校分类管理,必须坚持以《教育规划纲要》精神为指导,着力破除制约民办教育发展的瓶颈和体制机制障碍,引导社会资金以多种方式进入教育领域,进一步做大做强民办教育,使之在增强教育发展活力、提供教育选择机会、提高教育公共服务水平、满足社会多样化教育需求等方面发挥更加积极的作用。推进民办教育分类管理要以制度创新为重点,通过一系列的制度创新与法律法规修订,明确民办学校的法人属性、产权界定、合理回报比例等重大问题,深化民办学校办学体制改革,增强民办学校的发展活力;要正视民办教育的发展现状与历史贡献,坚决维护民办学校、出资人、师生的合法权益,引导民办学校自愿选择,大力支持非营利性民办学校的发展;引入市场竞争机制,发挥市场在资源配置中的决定性作用,为营利性民办学校发展创设更加广阔的发展空间;要积极稳妥推进民办教育分类管理,坚持民办教育分类标准从实际出发,面向未来,做好试点,点面结合、循序渐进推进的原则,做好民办教育的"平稳着陆";要坚持民办教育分类政策的长远性、稳定性,要以搞活民办教育健康发展为方向,坚持民办教育分类管理的综合改革与治理。具体而言有以下几个方面的内容。

1. 完善法人治理结构

《教育规划纲要》提出了深化办学体制改革的任务:坚持教育公益性原则,健全政府为主、社会参与、办学主体多元、办学形式多样、充满生机活力的办学体制,形成政府办学为主体、社会积极参与、公办教育和民办教育共同发展的格局。这既对民办教育的进一步发展提出了新的任务,更对办学体制中的制度创新提出了更高的要求。当前影响民办教育发展的法人属性归属问题,民办学校产权制度问题,营利性与非营利性标准问题,如何消除准营利性民办教育的灰色地带问题,如何确立"合理回报"的标准问题等,都需要系列的制度创新来达成,这是民办教育分类管理的最为急迫的重要问题。因此,要坚持修订完善相关的法律法规,做到相互呼应。《民办教育促进法》把民办教育界定为社会公益性事业,但民办学校属于何种类型法人,相关法律法规并未做出明确规定。在实际操作中,绝大部分民办学校在民办部门登记为民办非企业单位法人,造成了民办学校法人属性不清晰,税收优惠政策得不到落实,师生合法权益得不到维护等问题。至于是否取得合理回报与合理回报的比例以及营利性的认定标准等,都直接影响到民办学校法人属性与公益属性的问题,必须进一步修改相关法律法规,让民办教育名正言顺地获得健康发展。

以探索营利性与非营利民办学校分类管理为契机,深化民办教育办学体制改革,清理并纠正对民办教育的各类歧视政策,坚持民办学校与公办学校同等原则,保障民办学校办学自主权,完善支持民办教育发展的政策措施,探索公共财政资助民办教育政策,支持民办学校创新体制机制和育人模式,办出一批高水平的有特色的民办学校。改革民办学校内部管理体制,完善法人治理结构,建立健全民办学校财务、会计和资产管理制度。鼓励地方积极开放相关领域,出台专项优惠政策,吸引社会力量和民间资本进入教育事业单位,扩大投资和举办主体的类型,鼓励捐资办学的形式,导向筹建优质有特色的民办教育。

2. 实施综合改革与治理

党的十八届三中全会提出,要深化教育领域综合改革。当前,教育改革已经进入了"深水区"。平稳涉过深水区,需要以先进的教育观念为重要先导,以有效的制度和体制作为根本保障,以综合改革和协同创新作为重要支撑,以优化社会氛围作为重要支撑①。民办教育分类管理是一项复杂的系统工程,需要破解多项制度、体制机制瓶颈,涉及多个部门、多个系统,触及方方面面的利益,既有历史遗留的老问题,又有面向未来的前瞻性新问题。民办教育管理所涉及的部门多,政策链条长,政策配套难度较大。在外部环境上,民办教育管理涉及登记、产权、税费、社保等政策法规;在管理职能上,涉及教育、编制、民政、人力资源社会保障、工商、发展改革、财政、税务等多个部门。对民办教育进行分类管理,实际上是对于各领域政策基点的重新调整。因此,只靠教育行政部门、民办学校一头热、一肩挑,解决不了民办教育面临的诸多深层问题和矛盾,深化综合改革与治理是必然的。当前,建议尽快成立由国务院主管领导牵头,教育、发改、财税、民政、人保、编制、国土、建设、工商等部门负责人参加的民办教育改革领导小组,定期研究、协调解决涉及民办教育改革发展的若干重大问题。因此,对民办教育分类管理必须以综合改革与治理的思路来统筹,做到改革的一贯性、系统性、前瞻性,切实理顺制约民办教育健康发展的法律缺位、体制机制顽疾与管理误区,让民办教育能够健康快速发展。

3. 引导自愿选择

民办教育的发展渊源流长,当前民办教育依然是我国社会主义教育事

---

① 钟秉林.加强综合改革平稳涉过教育改革"深水区"[J].教育研究,2014(7):4-9.

业的重要组成部分。在我国,实践中民办学校一般分为四类:一类为捐资举办的民办学校,举办者不追求所有权,也不求回报;第二类是举办者要求所有权但不要求合理回报的民办学校,学校的所有办学结余都用于学校的继续发展,但并不放弃对学校资产的所有权,也不放弃对民办学校的控制权;第三类为举办者要求取得合理回报的民办学校,举办者不仅不放弃所有权和控制权,而且也希望得到合理回报;第四类为在工商行政管理部门登记注册的经营性的民办培训结构①。无论是哪种类型的民办学校都是我国教育事业的重要组成部分,具有公益性。民办教育分类管理要坚决维护出资人的合法权益,不得因为分类管理造成出资人权益受损。在分类标准与产权、法人属性清晰的前提下,引导民办学校自愿做出选择。一旦做出选择,确定法人属性后,不得擅自调整,相关部门将按照分类管理的思路制定相关的政策支持,引导民办学校朝不同的发展方向自主发展。

4. 明确标准,试点先行

分类管理是完善我国民办教育管理体制、保证民办学校可持续发展的根本举措,同时也是一项系统性的变革,必须积极稳妥地予以推进。分类管理可能造成少数民办学校撤资,甚至造成局部不稳定的可能,但不能因为这些阵痛而影响推进分类管理的试点工作,这些可能遇到的问题是分类管理推进过程中的"阵痛",不可"因噎废食"②。推进分类管理工作,首要是确定分类管理的标准,民办教育分类管理的关键。民办教育分类管理标准,既要符合理论,符合国际通行的一般规范,又要符合我国民办教育发展的实际,先行试点是破解之道。因此,民办教育分类管理推进必须坚持循序渐进的原则,否则不仅可能会导致民办教育宏观管理的混乱,如设置审批、法人登记、过程监管等无法同步跟进,容易出现管理上的真空地带,还可能会导致民办教育的举办者及办学者产生"政策性恐慌",担心政策不连续、不稳定,对民办教育未来的制度走向产生不良影响,从而不利于现有民办学校的健康发展和潜在社会资金进入民办教育领域。

---

① 徐绪卿.关于民办高校分类管理的思考[J].教育发展研究,2014(12):3.
② 赵应生,钟秉林,洪煜.积极稳妥地推进民办教育分类管理[J].中国高教研究,2011(10).

5. 解决公平待遇问题

民办教育分类管理要着力从政策层面上肃清阻碍民办教育发展的歧视性政策，做到公平对待、一视同仁。尽快分类制定民办教育的财政支持、税收、用地等配套优惠政策；对由于历史原因尚未落实法人财产权的民办学校，应全额减免其举办者资产过户的相关税费。此外，在学校法人资产不能抵押的情况下，要鼓励和支持金融机构向民办学校实行信用贷款、收费权质押贷款以及第三方担保贷款，多渠道解决民办学校融资难问题，以保证学校的正常运行和健康发展，促进民办、公办教育共同繁荣。各类政策尤其要向非营利性民办教育进行倾斜。国家教育资源的配置不能一味偏重公立学校，而应以学校的公益属性程度来决定支持力度。对于长期以来存在的师生权益等不公平问题，要在分类管理改革的促进下，逐步、科学合理地解决，让民办学校的师生享有与公办学校师生在职称晋升、养老保险、优惠福利、身份待遇等一系列问题上一样的权利。

二、促进民办教育分类管理的政策建议

(一)确定民办学校法人属性、产权属性与合理回报比例

确立民办学校法人属性、产权属性，并按照营利性与非营利性进行登记，是促进民办教育分类管理改革的重要举措。

1. 确定法人属性

就目前民办教育管理的现状来说，各级各类教育部门审批的民办学校基本上都在民政部门登记，为民办非企业单位。由于"民办非企业"法人既非事业单位，也非企业单位，导致了现实当中很多政策问题无法协调解决，因此，务必要从根本上明确不同类型的民办教育机构的法人属性，同时要规范营利性民办学校与非营利性民办学校的登记管理部门、登记管理办法以及监督管理职责。

明确规定两类民办教育机构的法人性质，即非营利性民办教育机构法

人为民办事业单位法人,营利性民办教育机构为企业法人。对于这样的法人属性的定位,在理论和实践上都已达成共识。而对于这两类民办教育机构的进一步细化,则可以因地制宜。如陕西省将非营利性民办高校分为三种,即捐资举办、出资不求合理回报、出资要求合理回报。其中捐资举办、出资举办不求合理回报的学校登记为民办自收自支事业单位法人;出资举办要求合理回报的学校登记为民办非企业法人。营利性学校登记注册为企业法人。这一分类法为民办高校提供了多种发展模式,有利于投资者进入民办教育时根据自己的定位和实际情况做出选择。

对于非营利性民办教育机构定性为事业单位法人,在教育行政部门登记注册。在对非营利性的民办教育机构的规范管理中,应保证其办学不求利润回报,办学结余全部投入学校发展,不用于分配,各生产要素所有者(包括投资者)只能获得固定的合同收入,不拥有学校资产的剩余索取权,政府对非营利性的民办学校参照公办学校进行免税、财政资助等配套管理。

对于营利性民办教育机构定性为企业法人,在工商部门登记注册。在对营利性民办教育机构的规范管理中,应允许举办者追求利润回报,可以对办学结余进行规定范围内的分配,获得基于财产所有权的投资回报,拥有民办学校财产的最终所有权、使用权、收益权和处置权,享有招生、收费、办学等方面的充分自主权,基本参照公司、企业的办法管理,面向市场运作,依法纳税。

2. 确立清晰的产权制度

产权明晰既是民办教育机构存在的前提,也是民办教育机构有效运作、健康发展的保障。因此法人财产制度无疑是我国民办教育持续发展中一个根本性的问题,突破这一制度性瓶颈是构建合理分类管理制度的前提。《民办教育促进法》第三十五条规定:"民办学校对举办者投入民办学校的资产、国有资产、受赠的财产以及办学积累,享有法人财产权。"也就是说,举办者对投入民办学校的资产不享有所有权,民办教育属于公益事业,举办者不能回收、抵押、租赁和转让校产,其实就意味着基本上失去了财产所有权。在民办学校终止时,关于出资人的财产问题,相关法律条文规定也极为笼统,如《民办教育促进法》第五十九条规定:"民办学校清偿上述债务后的剩余财产,按照有关法律、行政法规的规定处理。"实际上并未明确举办者在学校终止时可以取回自己的出资。之后,在2004年4月1日执行的《民办教育促进法实施条例》也完全回避了对举办者投入部分产权及民办学校终止时清偿债务后剩余财产的分配问题。这种由于法律规定的模糊使得出资人投入资产的最终归属不明确,造成了社会资金对教育投资信心不足,民办教育经费紧张,导致许多民办学校只能采取增收学费、降低成本等方式以求累积式的滚动发展,最终挫伤了民办教育的持续发展。与此同时,一些办学者为规避风险,追求短期利益,盲目举办或关闭,使得学生及其家长的受教育权益和财产权益遭受侵害。

根据民办学校办学结余和学校资产剩余的归属对民办教育机构进行分类,举办者具有剩余利润和剩余资产索取权的学校归为营利性民办学校,反之,则归为非营利性民办学校。依据举办者投入资产和办学结余资产的归属,非营利性民办教育机构又可以分为不要求合理回报的和要求合理回报两种,前者为捐资办学、后者为出资保值办学。营利性民办教育机构则定为投资型办学。其中,捐资型民办学校的举办者放弃对投入资产的所有权,也不享受办学结余的分配权;出资保值型民办学校的举办者对投入资产保留所有权,并允许按银行存款或贷款利率进行资产保值,允许继承和转让,但不享受对办学结余资产的分配权,学校终止时的剩余资产应交由政府部门管理或自行捐给其他相近的非营利性民办学校;投资型民办学校的举办者同时拥有对投入资产的所有权和办学结余的分配权。在两类民办学校终止办学时,非营利性民办学校的财产首先用于偿还债务和师生权益保障,剩余财产权由政府代管,继续用于非营利性教育事业,捐资者不得请求对剩余财产的所有权。营利性民办学校的财产则首先用于偿还债务和师生权益保障,剩余财产权归举办者所有,在办结债权债务关系且经有关部门批准终止后,剩余财产可由投资者依法自行处置。

3. 确立合理回报比例

为了鼓励社会力量办学,《民办教育促进法》第五十一条规定:"民办学校在扣除办学成本、预留发展基金以及按照国家有关规定提取其他的必需的费用后,出资人可以从办学结余中取得合理回报。取得合理回报的具体办法由国务院规定。"也就是说,《民办教育促进法》允许合理回报,但至今未得到落实。由于合理回报要用会计制度核算出来,但是我国目前没有真正的民办学校的会计制度。2004 年,财政部颁发了《民间非营利组织会计制度》,此制度明确规定,凡是民办单位,一律不得从剩余当中提取回报,即不允许民办学校有合理回报,也就是说,登记为民办非企业单位的学校,适用财政部 2004 年的《民间非营利组织会计制度》自学校设立完成后,举办者(出资人)自身的财产要与学校法人财产相分离,出资人不因出资而享有学校剩余的索取权和控制权,学校办学结余只能继续用于教育事业发展,不得用于分配。这就使得民办教育在发展中遭遇到现实尴尬。对此,温州市已做出了试点尝试。2011 年 11 月,温州市出台了《关于明确非营利性民办学校法人财产权的实施办法(试行)》并明确规定,出资财产属于民办学校出资人所有,出资人产(股)权份额可以转让、继承、赠予,但学校存续期间不得抽回资金。2011 年 12 月,温州市又制定了《关于非营利性民办学校财务管理的实施办法(试行)》并规定,登记为民办事业单位法人的民办学校可从办学结余中提取一定比例的经费,用于奖励出资人,年奖励金额最高可以达到出资人累积出资额为基数的银行一年期贷款基准利率的 2 倍。这一试点具有借鉴意义。

从国际视野来看,民办学校(或称为私立学校)是否可以具有合理回报,各国的做法大体一致。如日本管理私立教育的做法是,规定从事学历教育的民办学校投资者不得谋取回报,坚持非营利性,保证公益性。非营利性民办教育机构应依法享受与公办高校同等的税费优惠政策。非营利性民办高校在科研课题立项、课题申请、招标、评审、科研成果评审与转化、财政拨付科研经费等方面应与公办高校享有同等权利。非营利性学校出资人要求取得合理回报的,在扣除办学成本、发展资金和国家规定的有关费用后,允许从办学结余中按年度取得合理回报,作为对出资人的奖励。奖励申请由学校决策机构提出,教育行政部门会同有关部门根据原始出资额、追加投入额、学费收入和办学结余等情况,综合确定合理回报额。合理回报额可占到办学结余的、取得的合理回报继续用于学校发展的,计入新增出资额,并按有关规定享受税收优惠政策。营利性学校按企业机制获取回报。

（二）按营利性、非营利性学校实行不同的公共财政资助政策

民办教育分类管理后,要从我国民办教育发展的实际出发,采取有区别的公共财政资助政策。要尽快完善民办教育的公共政策,逐步建立起公共财政资助民办教育的经常机制。应尽快出台公共财政补助民办教育发展的标准和参考意见,尽快设立民办教育政府专项资金并保证其与国家公共财政收入的增长保持同步,建立民办学校评估奖励制度。另外,可根据市场原则建立政府购买教育服务机制,以增强对民办学校教师的培养及各项社会保障措施的落实。与此同时,尝试对民办学校的学生按一定标准进行补助等,以切实加大对民办教育的经费支持。具体有以下三点。

1. 公共财政支持民办教育应制度化

民办教育是我国教育的重要组成部分,属于公益性事业,具有正向外部性,政府应提供必要的支持,其中财政支持是主要手段,有利于发挥政府对民办教育发展的导向作用,因此,公共财政应加大支持力度,且应制度化。

从国际视野来看,目前一般都把私立学校主要看作是谋求公共利益的社会机构纳入到国家的教育体系并给予经费资助,部分国家甚至通过立法以保证政府对私立学校的资助。如英国《1944 年教育法》规定公、私立学校均由公共经费维持,国家(或地方教育当局)的经费补助额在私立学校总经费中的比例已高达 80%。韩国政府自 20 世纪 90 年代以来,通过各种直接和间接补助,逐渐加大对私立高等学校的财政支持力度。日本目前私立高等教育经常事业费的 17%、私立高中经常事业费的 30% 来自政府。荷兰自1917 年开始,政府对公、私立学校均实行全额拨款。美国政府每年向私立学校提供大量的经费资助,许多私立大学每年可以从政府部门获得巨额的科研经费,政府还采取免征或减征税款的措施鼓励个人或企业向私立学校捐赠。美国很多州将一些教育经费划拨到公立学校时,规定其必须为某些非营利性的私立学校提供一定的服务,否则将收回这些经费。另外,中国香港的私立中小学几乎都接受政府的经费支持,部分私立学校几乎完全依靠政府的经费资助来运营,中国澳门 90% 以上的中小学为私立学校,大部分都依

靠政府资助来运营。我国也需要尽快建立公共财政支持民办教育的经常机制。

2. 稳妥推进，试点先行

在实际贯彻执行中，由于我国民办教育大都属于投资办学的现实，国家财政资助政策不能直接照抄照搬他人经验。目前，我国尚未出台公共财政补助民办教育发展的标准和参考意见，就当前民办教育分类管理改革的试点来看，从2011学年起，温州市财政除了每年安排3000万元作为民办教育专项奖补资金外，还以生均教育事业费为基准，建立政府向基础教育阶段民办学校购买服务的经费投入制度。这对于贯彻落实《教育规划纲要》精神，深化办学体制改革，促进民办教育的改革与发展具有重要的突破性意义，民办教育财政资助必须在试点的基础上，积累经验而后推广。

3. 公共财政根据分类属性进行分类支持

鉴于非营利性民办学校和营利性民办学校的公益性程度存在差别，在财政支持政策上也应体现分类指导，应对两类民办教育机构采取不同的财政支持制度，在财政支持对象、范围、形式和强度上应区别对待。国家财政支持可重点向两方面倾斜，一是向提供弱势群体入学机会的民办学校倾斜，二是重点支持高水平的民办学校。针对非营利性民办学校，政府可以根据实际需要，在教师培训经费、公用经费、科研经费等方面提供资助。其中，捐资型民办学校享受公共财政的全方位资助，出资保值型民办学校享受公共财政的部分资助。如对于捐资办学，应该享受与公办学校大体相当的待遇，政府可以参照英国、我国香港的做法，对私立学校参照公办学校的做法根据生均标准拨款，给予直接的经费支持。对于营利性民办学校，则可获取政府购买其教育服务的支持或政府一次性拨付相应经费。

另外，政府可专设民办教育专项资金，对办学成绩突出的民办学校给予奖励性资助。奖励性资助对非营利性民办学校和营利性民办学校要同等对待，目的在于充分发挥公共财政的调控作用，引导民办学校办出水平、形成特色。

(三)修订相关法律,对营利性和非营利性民办学校进行明确的规定

民办教育分类管理是促进我国民办教育健康发展重要政策举措,必须依据我国民办教育发展的实际来推进,按照《教育规划纲要》关于促进民办教育分类管理的精神以及国内外经验与前沿法理研究,应进一步修订完善相关法律法规。《教育规划纲要》将民办教育的意义和作用定位为"教育事业发展的重要增长点和促进教育改革的重要力量",明确提出"积极探索营利性和非营利性民办学校分类管理"、"保障民办学校办学自主权,清理并纠正对民办学校的各类歧视政策,积极探索和制定促进民办教育发展的优惠政策"。《教育规划纲要》指出,要依法管理民办教育。2002 年出台的《民办教育促进法》按照捐资办学和非营利性组织的有关规定,将民办教育定位为"民办非企业单位",因此,需要对现行有关法规进行修改或调整,尤其是对民办教育机构的法人属性和产权界定进行明确分类,通过完善相关法律法规体系,从法律制度上保障民办教育的发展。

1. 修订完善相关法律法规

完善民办教育领域的相关法律法规,需要对我国的《教育法》、《义务教育法》、《职业教育法》、《民办教育促进法》等法律文本进行系统和全面的修订,做到呼应和统一。同时,应通过制定《学校法》、《民间非营利性组织法》等新法,严格规定非营利性学校设立、运行、变更、终止等基本程序以及各项税收和优惠政策。《民办教育促进法》作为民办教育领域的重要法律,对民办教育发展具有特殊的重要意义,对此法律及其实施条例进行修改,明确民办教育分类管理的具体办法和相关流程至关重要。就目前法律文本来看,没有对民办教育进行分类管理,造成了民办教育在现实中诸多的发展瓶颈。法律的重新修订主要涉及法人属性、产权制度、合理回报比例三个方面。如对营利性民办学校,坚持以企业经营性质注册,其办学不存在合理回报问题,要依法征税、实行自负盈亏,政府可以以购买服务的方式适当进行财政补助。对于非营利性民办学校,则应当按民办事业单位注册,加大公共财政奖励性直补、享受免征营业税所得税政策、合理派遣部分公办教师、教师工资保险可按一定比例纳入政府保障。政府主导的社会捐赠优先供给、优先

出租或转让国有资产,办学结余必须全部纳入教育发展储备和学校教育支出,出现亏损可以募集社会捐赠、政府发放教育券等形式进行补助抵偿等。

2. 完善民办学校法人制度

民办非企业单位法人出现的历史较短,制度还不完善,而且也没有在《民法通则》中获得合法地位。我国民法只规定了机关法人、事业单位法人、企业法人和社会团体法人,没有设定民办非企业单位法人。所以从长远看,要保证民办学校分类管理得以顺利实施,还依赖于在更高位次上制定《民法典》或修改《民法通则》,把非营利法人与营利法人明确划分出来,以形成在法人制度上就分类分别规范的局面。

(四)建立民办教育综合统筹协调机制

目前,民办基础教育学校与公办学校的差距呈不断加大之势,其中最主要的原因之一就是政府未建立民办基础教育统筹管理制度,各部门政策法规相互冲突。例如,在法规上,关于民办学校的归属与税收问题,《民办教育促进法》、《民办非企业登记条例》、《税法》等做出的有关规定相互冲突;同时,在具体政策的贯彻执行中,各管理部门往往各自为政,考虑自身利益,不从整体和大局出发,主观行为比较多,给民办教育带来了较多的负面影响,因此,必须建立民办基础教育的统筹管理制度。首先,各级人民政府应当将民办教育事业纳入国民经济和社会发展规划,建立教育、人力资源与社会保障、财政、民政、税务、工商等各相关部门的统一协调机制,发挥其整体管理的效应,为民办基础教育学校构建与公办学校同样的发展环境。其次,教育行政部门要将民办基础教育纳入到公办基础教育体系中,构建一体化的基础教育体系,实现基础教育的整体规划和管理,推进城乡基础教育的合理布局与均衡发展。相关部门要按各自职责分工,建立促进民办学校健康发展的工作协调机制,积极构建政府依法管理、民办学校依法办学、行业自律和社会监督相结合的民办教育工作格局。

(五)建立健全民办学校法人治理结构与会计准则制度

目前,民办学校内部管理制度无法做到有章可循,法人治理结构不合理和财务管理混乱现象普遍存在,部分民办学校甚至出现不设董事会、学校经费随意支出的现象,因此,在实行民办教育分类管理中,需要对民办教育内部管理制度进行进一步的厘定与完善。

1. 完善民办学校法人治理结构

完善民办学校法人治理结构是内部管理制度改革的重中之重。民办学校依法设立理事会或董事会,保障校长依法行使职权,逐步推进监事制度。在非营利性民办学校建立监事制度,在营利性民办学校董事会设立独立董事。对营利性学校,要明确设立会计制度,通过会计制度设计反映办学成本、资产增值、营利等方面的情况。同时,还应完善财务制度,强化民办学校资产监管和财务信息公开。另外,积极发挥民办学校党组织的作用。完善民办高等学校督导专员制度。落实民办学校教职工参与民主管理、民主监督的权利。依法明确民办学校变更、退出机制。切实落实民办学校法人财产权。任何组织和个人不得侵占学校资产、抽逃资金或者挪用办学经费。建立民办学校办学风险防范机制和信息公开制度,扩大社会参与民办学校的管理与监督。

2. 分类制定财务制度

对两类民办教育机构要制定不同的财会制度,对营利性和非营利性民办学校须实行有区别的财务管理政策。营利性民办学校财务管理可参照营利性组织如企业或公司等商业机构财务管理办法,按照它们的财会制度制定;非营利性民办学校的财务管理实行法定代表负责制,可参照非营利性组织如事业单位、公办教育机构的财会制度制定,并随企业和事业单位财会制度变革而变更。同时,设立专门的财务部门对学校的预算、收入、支出进行管理并指定部门进行监督。另外,还需要处理好结余资产分配问题,根据我国民办教育大多为投资办学的性质制定合理的投资补偿政策。民办高校要对出资者投入学校的资产、国有资产、受赠资产以及办学积累形成的资产,分类记入相关资产账户,定期进行清产核资,实行分类会计核算。捐资举办的学校和出资举办不要求取得合理回报的学校,适用公办高校会计制度;出资举办要求取得合理回报的学校,在有关部门制定专门会计制度前,参照执行民间非营利性组织会计制度。营利性学校按规模大小分别适用企业会计准则或小企业会计制度。非营利性民办高校的收费使用行政事业单位非税收入票据。

3. 建立学校资金年度预算和财政性资金年度会计决算报告制度

学校资金年度预算要报送省级教育行政主管部门备案。每个会计年度结束时,学校要将接受财政性资金收支情况报告学校理事会(董事会)和教职工代表大会,并报送省教育厅备案,同时报送总体收支情况,接受教育经费监测。民办高校、高等教育助学机构的举办者向学生、学生家长筹集办学资金、公开向社会募集办学资金等行为,需要经过相关部门严格审批,不断健全完善风险防控机制。

(六)发挥市场竞争的重要作用,逐步实现管、办、评分离

1. 发挥市场在资源配置中的决定性作用

民办教育分类管理后,在政府监管、学校自主发展等方面要区别对待,充分发挥市场的作用,鼓励营利性民办学校引入市场竞争机制。在学费标准制定和专业设置、招生指标上给予一定的弹性空间和自主权,鼓励其按市场化原则大胆探索、大胆创新,使其办出水平、办出特色,成为大众可选择的优秀学校。目前,政府对学校的监管评估,主要以教育行政主管部门的视角评估为主要出发点,对市场的因素考虑不够。

2. 逐步实现"管、办、评分离"

十八届三中全会提出,深入推进"管、办、评分离",扩大省级政府教育统筹权和学校办学自主权,完善学校内部治理结构。对民办学校的评估应该发挥第三方机构和行业协会的作用,评估要点要着眼于:行业企业用人单位、社会大众、学生和家长的评价;学校为企业解决了多少技术或管理问题,创造了多少价值;毕业生就业质量及发展表现;学校内部教学和管理水平;硬件条件和师资力量等多视角评分并公布,引导学校真正服务区域经济和社会建设发展需要,真正关心学生的学习体验和成长需求。

(七)着力从政策层面解决民办学校的公平待遇问题

全面落实十八届三中全会通过的《中共中央关于全面深化改革若干重

大问题的决定》精神,要逐步健全民办学校教职工多层次的社会保障机制,使民办学校与同级同类公办学校的教职工在医疗、住房、养老等方面保障水平基本相当。在师生权益保障问题上,非营利性民办学校和营利性民办学校都应与公办学校同等对待,进一步制定一系列保障民办学校教师平等待遇的政策,如建立民办和公办高校教师合理流动机制、改善教师工资待遇、建立健全民办高校教师人事代理服务制度、完善教职工社会保险制度等。具体而言有以下两方面。

1. 完善教师社会保障制度

要逐步完善民办学校教师的社会保障,解除他们工作中及退休后的后顾之忧。对于具有国家规定任教资格的教师,不论在哪一类民办学校任教,所有符合规定的民办学校教师应与公办教师一样,均享受与公办学校同等的社保和退休待遇,可按事业单位标准参加社会保险。非营利性民办学校教师的社保待遇和退休待遇,可由当地政府予以保障。营利性民办学校教师的社保和退休待遇,主要由学校予以保障,政府给予必要的支持。

2. 教师享受公平待遇

教师职称评定应对民办学校教师和公办学校教师一视同仁,政府组织的各类评奖、科研项目申请等要向民办学校开放。民办学校教师的培养培训和考核评价,要与公办学校一起纳入统一规划。

在学生权益保障方面,政府的学生资助和奖励应平等覆盖所有民办学校学生,国家法律法规规定学生享受的所有待遇,如医疗保障、购票优惠等,民办学校学生都应同等享受。对非营利性学校,除学生的奖助免补和税收优惠外,需给予相应生均经费等财政支持;对营利性学校的学历教育学生,学生的奖助免补要与公立学校一视同仁,同时给予应有税收优惠。另外,要健全教育申诉制度,依法保障此类民办学校师生与公办学校师生同等的救济权利。

(八)建立良好的民办教育外部治理机制

民办教育中的教育消费产品具有私利属性,根据市场交易原则,买卖双方便可实现利益互换。但是由于目前民办教育管理机制并不成熟,自身存在众多问题,因此,政府职能进行何种的现实选择将很大程度上决定民办教育的发展态势。当前,由于教育行政管理层面上的监管不到位导致民办教育经常出现"政出多门、多头审批"等现象,相对应的则是民办学校教育教学无人监管,教育质量参差不齐。因此民办教育要实施分类管理,必须建立良好的教育外部治理机制。

1. 行政审批程序要规范、制度化

教育行政规范程序的完善可以很好地理顺与受教育者的利益关系,保障受教育者的受教育权。在民办教育分类管理改革试点和研究相关配套制度的过程中,建议政府有关部门严格规范新建民办学校的审批和登记。现实中,工商、文化、卫生、民政等部门也在审批营利性民办学校,造成了办学市场的混乱局面,教育主管部门无法对其实施有效监管。此外,社会上还有一批未经审批的机构和人员在办学,导致市场混乱、鱼龙混杂,问题和隐患很多。因此,审批时需要明确民办学校的类型,分别在民政部门和工商部门注册,确定营利性民办学校合理回报的比例等。登记管理方面,对营利性和非营利性民办学校必须进行严格而清晰的法人登记,明确非营利性民办学校法人为事业单位法人,营利性民办学校为企业法人。同时明确营利性民办学校与非营利性民办学校的登记管理部门、登记管理办法以及监督管理职责,规范民办学校法人登记。进一步清理教育行政审批事项,改进审批方式,简化审批流程,规范民办学校和机构的审批工作。尤其是在民办幼儿园和非学历民办教育机构审批方面存在混乱现象。按照国家对民办教育的"两线四级",即教育、人社部门两条线,中央、省、市、县四级审批的管理体制,除教育和劳动部门外,其他部门、行业无权限审批民办学校。

制定一套科学的完整的教育行政规范管理的程序制度还应该包括:公开民办学校信息制度、告知制度、记录和决定制度、听取民办学校的陈述和申辩制度、说明理由制度、市县区层级教育职能分离制度、不单方传递制度、回避制度、时效制度和追究制度、教育教学督导制度、完善日常管理和监督制度,等等。通过合理的教育行政程序,既规范办学者的市场行为,也规范政府的管理行为,使任何干预双方利益的行为都受到教育行政程序的制约。

2. 政策措施要协调配套

在造成政府对民办教育监管不力的一系列原因当中,最首要的是具体政策细则文本缺失,这给教育行政部门的规范管理带来诸多障碍。制定单方面细节的政策条例和办法,需要从四个方面具体完善。第一,明晰机构认证资格的审批部门。由于社会力量办学可以选择在教育部门、工商部门、人力和社会保障部门进行注册和审批,这样就造成了营业执照的不同,在查处违法办学的过程中互相推诿的现象。第二,完善关于收费项目的具体政策条例。根据财政部和教育部相关政策,划定不同类型民办学校合理收费范围,建立关于退补学费等问题引起的纠纷保障机制。第三,明确招生宣传的注意事项,严禁虚假广告,规范媒体宣传,包括广告内容标准、机构间竞争与合作应遵守的规范和条例,以便建立合理有序的竞争环境。第四,明确教学质量督导的具体规定和办法,明晰教学年检的具体操作方法和步骤,同时发挥市场调节与教学督导两者的作用,保证教学质量不损害学生的受教育权益。

如何来完善上述诸多细致具体的政策措施呢?

第一,要根据不同的政策条例所规定的具体内容,合理确定相关部门人员来拟定。针对广告内容的规范条例,教育部门可以邀请广播局等宣传部门人员一起讨论制定细则;在收费价格的制定上,教育部门则需要组织物价部门专家共同协商制定。非营利性民办学校的收费,实行政府指导价管理,指导价参照公办学校生均经费的一定比例确定。营利性民办学校的收费则由市场调节,实行在工商部门备案公示制。

第二,信息公开制度改革,保障民众的知情权。建立信息服务管理平台,提高民办教育的办学诚信度。办学诚信度是民办学校的生命线,将建立民办学校信息公开制度,加强信息统计和发布工作。教育行政部门要及时、准确发布民办学校招生简章、收费项目和标准、办学条件等情况,为民办学校规范办学行为、接受社会监督创造条件,督促民办学校增强诚信办学和质量品牌意识。

同时,公开征求和采纳学生、家长、教师、社区及机构等利益相关者的意见和建议。通过网络、电视、短信等方式在社区、学校等公开征求公众对具体单方面政策条例的意见和建议,保证民办教育办学活动的开展受到全社会的监督:具体包括完善举报机制,使得任何公民都能够通过电话、信访等渠道畅通地表达意愿,反映情况,最终达成全社会对民办教育的认可和满意。

3. 加强政府对民办学校财务的监督

要求民办学校建立健全财务制度、会计制度和财产管理制度;对民办学校进行定期审核,以减少投机取巧行为的发生;加强业务主管机关及登记管理机关对民办学校财务的审计工作;将民办学校财务状况向社会公开,使公众能更容易地查看有关学校的各种相关资料;明文规定学校工资福利的上限;明文规定学校行政费用的上限或收入用于其目的事业的下限,等等。公开接受政府、社会和学校教职员工的监督。

4. 充分尊重民办教育自身发展规律

政府对民办教育的监管必须创新监管形式,在严把审批、准入环节之后,需要采取更加灵活的监管方式促进民办教育的健康发展。纵观西方特别是美国20世纪80年代以来教育改革举措,其中值得借鉴的是明确学校教育绩效责任,强化对学校的教育问责,同时政府让出一部分权力,赋予学校更多的专业发展自主权以获取更大的绩效责任。对民办教育的监管也应该在明确民办学校办学绩效目标的前提下,让民办学校获得更大的专业自主权,如校长办学自主权、课程设置、教师聘用、教育教学等方面,政府少以行政方式干涉学校内部专业发展事项。总之,赋予更大的弹性与更自主的发展空间,不是弱化政府对民办教育的监管,反是有利于民办教育的健康发展与质量提升。

(九)及时规避民办教育分类管理的风险

民办教育分类管理是促进我国民办教育健康快速发展的必然要求,也符合国际一般通行规范。但是,由于我国民办教育复杂的现状,加上以往相关政策法规的相互抵触,现实操作中,很多民办学校打着非营利性的幌子,在享受国家优惠政策的同时追逐着经济利益,对教育的公益性造成了很大的侵害。分类管理后,一方面,政府的治理理念与民办学校的营利性利益追逐之间的矛盾依然存在。政府必须考虑"营利性"给教育公益性带来的损害,而"投资与收益"、"贡献与回报"等限制性政策的实施,也会导致出资人投资民办教育时出现观望态度。若政策一味强调"非营利性",则会影响出资人举办民办教育的热情。事实上,由于我国对民办教育经费支持不足,大多数民办学校属于投资办学,其资本来自商业性资本,其主要动机是对经济利益的追逐。捐资助学过少,投资办学过多,必然会对教育的公益性造成伤害。因此,分类管理必须要考虑到这一潜在的风险,坚持公益性与合理回报的兼顾,需要放开民办教育机构"非营利性"的硬性规定。另一方面,要对合理回报进行规制,缓解分类管理风险。合理回报必须来自于办学结余,而且学校的利益分配必须要统筹考虑扣除办学承办、返还学校所欠债务、提取法定盈余公积金以及公益金、办学风险保证金之后才可以分配办学结余。

后 记

　　《中国民办教育发展报告2013》是中国教育科学研究院2013年度基本科研业务费专项基金资助"国情系列"项目成果,也是教育部发展规划司委托的民办教育分类管理课题研究成果,中国教育科学研究院教育政策研究中心承担课题的研究撰写任务,课题负责人为中国教育科学研究院教育政策研究中心主任吴霓研究员。

　　课题承续《中国民办教育发展报告2012》的基础,采用"全景描述+专题研究"的方式,通过"全景描述"接续上年度报告的基本情况,运用统计数据分析的方式,对2012年以来全国和各省(直辖市、自治区)民办教育的总体发展做了宏观描述;同时,聚焦民办教育分类管理,以专题的形式从民办教育分类管理的现状、政策环境、试点改革的举措、国外发达国家的经验等方面开展分析研究,并对我国民办教育分类管理改革提出了政策建议。

　　《中国民办教育发展研究2013》课题立项以来,研究和撰写工作得到了教育部发展规划司有关领导、中国教育科学研究院领导的指导和关心。教育部发展规划司不仅关注课题的进展,同时还提供了民办教育分类管理试点的相关案例材料。中国教育科学研究院曾天山副院长、中国民办教育协会秘书长王文源研究员、中国人民大学教育学院程方平研究员对具体研究提出了宝贵的意见。中国教育科学研究院信息中心对研究的开展给予了大力的支持和帮助。中国教育科学研究院其他领导和专家对研究的进行和报告的撰写提出了重要的修改意见,在此一并表示衷心的感谢。

　　吴霓负责课题研究的设计策划、组织协调、调研实施及报告的撰写、修改和统稿。罗媛协助做了大量沟通协调和组织工作。各章节具体分工为：前言和后记由吴霓执笔；第一章由李楠执笔；第二章由朱富言执笔；第三章由吴霓、蒋志峰执笔；第四章由罗媛执笔；第五章由王玉国、郄芳执笔。

　　中外民办教育研究是中国教育科学研究院以及教育政策研究中心的重要研究领域和方向。2014 年成立的中国教育科学研究院"全国民办教育协作创新联盟"又为民办教育研究搭建了更宽阔的舞台。我们将继续以"中国民办教育发展报告"项目为纽带，联合国内外开展私立和民办教育研究的各方力量，开展深入的协同研究，不断为我国民办教育的发展和国家决策参考提供有质量的重要研究成果。

出 版 人　所广一

责任编辑　罗永华

版式设计　孙欢欢

责任校对　贾静芳

责任印制　叶小峰

图书在版编目（CIP）数据

中国民办教育发展报告. 2013 / 吴霓等著 . —北京：
教育科学出版社，2015.9

（国情教育研究书系）

ISBN 978-7-5041-9745-0

Ⅰ. ①中…　Ⅱ. ①吴…　Ⅲ. ①社会办学—研究报告—
中国—2013　Ⅳ. ①G522.74

中国版本图书馆 CIP 数据核字（2015）第 223613 号

中国民办教育发展报告 2013
ZHONGGUO MINBAN JIAOYU FAZHAN BAOGAO 2013

出版发行	教育科学出版社			
社　　址	北京·朝阳区安慧北里安园甲 9 号	市场部电话	010-64989009	
邮　　编	100101	编辑部电话	010-64981252	
传　　真	010-64891796	网　　址	http://www.esph.com.cn	
经　　销	各地新华书店			
制　　作	北京金奥都图文制作中心			
印　　刷	保定市中画美凯印刷有限公司			
开　　本	169 毫米×239 毫米　16 开	版　　次	2015 年 9 月第 1 版	
印　　张	12.75	印　　次	2015 年 9 月第 1 次印刷	
字　　数	172 千	定　　价	38.00 元	

如有印装质量问题，请到所购图书销售部门联系调换。